Hans Behnke

Hege, Aufzucht und Aussetzen von Fasanen und Rebhühnern

5. neubearbeitete und erweiterte Auflage

Mit 55 Abbildungen,
davon 14 farbig auf 2 Tafeln

Verlag Paul Parey · Hamburg und Berlin

1. Auflage 1954
2. Auflage 1958
3. Auflage 1964
4. Auflage 1970
5. Auflage 1980

CIP-Kurztitelaufnahme der Deutschen Bibliothek

Behnke, Hege, Aufzucht und Aussetzen von Fasanen und Rebhühnern / Hans Behnke. – 5., neubearb. u. erw. Aufl. – Hamburg, Berlin : Parey, 1980.
ISBN 3-490-00512-0

Anschriften: Spitalerstraße 12, 2000 Hamburg 1; Lindenstraße 44–47, 1000 Berlin 61. Printed in Germany by Rasch Druckerei und Verlag GmbH & Co. KG, Bramsche. Umschlaggestaltung: Evelyn Fischer, Hamburg, unter Verwendung eines Farbphotos von Burkhard Winsmann.

ISBN 3–490–00512–0

Vorwort zur 5. Auflage

Als im Jahre 1970 die vierte Auflage dieses Buches erschien, lagen in Schleswig-Holstein nach sechzehnjähriger steter Hege statt 5000 über 100 000 Hähne auf der Strecke. Kein Greifvogel war gefährdet, weil wir nur Hähne erlegten und die überalterten Hennen dem Raubwilde blieben.

Einige Jahre hielten die Strecken auch noch nach der Vollschonung aller Greife; die Speisekammer war voll. Doch dann erfolgte der bisher in der Jagdgeschichte wohl rasanteste Rückgang einer Niederwildart.

Land- und Forstwirtschaft sind es seit Jahrzehnten gewohnt, alles was an Tierwelt ihren Ernteerfolg schmälert, rigoros umzubringen. Jeder Naturwissenschaftler weiß oder sollte wissen, daß das „unnatürlich" ist. Wir Jäger und Heger haben uns dieses Profitdenken seit über einem Jahrhundert abgewöhnt. Was unsere jagdliche Ernte ernsthaft störte, haben wir nicht vernichtet, sondern so einreguliert, wie die von uns selbst angeregten Gesetze es geboten.

Viel zu viele Naturwissenschaftler aber wenden sich auf dem Wege des geringsten Widerstandes in letzter Zeit gegen uns, und sie bescheren uns Gesetze, als gingen wir mit dem Raubwild um, wie die Land- und Forstwirte mit ihren Schädlingen. Hoffentlich begreifen sie nicht zu spät, daß wir Jäger innerhalb dieser Land- und Forstwirtschaft jagen und nicht in einer abgesonderten Urwelt, in der Wolf und Habicht in wilder Tier- und Pflanzenwelt wirken.

Dieses Buch ermuntert den Heger, trotz aller Widerstände die Wildarten zu pflegen, die unsere erpreßte Landschaft aushalten und uns Jägern jagdliche Freuden und beglückende Erlebnisse der Zusammenarbeit mit unserem Hund bescheren. Meinem Kollegen Emil Schulz, Fasanerie Mittelstendorf bei Soltau, danke ich für seine Mitarbeit an dieser Auflage.

Beldorf, im Frühjahr 1980 — Hans Behnke

Inhalt

DER FASAN

DAS REBHUHN

DER FASAN

Die Fasanen-Rassen und ihre Eigenschaften

Wahrscheinlich ist China das Ursprungsland aller heute über die ganze Erde verbreiteten Fasanen. Zoologisch als Hühnervogel eingestuft, mit den Puten durch vielerlei Eigenschaften sehr verwandt, zeigt ihr Körperbau, der es ihnen ermöglicht, auch aus hoher Deckung (Wald) senkrecht aufzusteilen, daß sie Deckung schätzen. Ihre Ernährungsbasis ist breit angelegt und erlaubt ihnen, in allen Weltteilen leben zu können. Ausgenommen sind Kälte- und Trockenwüsten oder extrem insektenarme Landschaften.

Auf minoischen Mosaiken (Kreta – 2000 v. Ch.) ist der Fasan abgebildet; die Römer hielten ihn in ihren Garnisonen als Zier- und Tafelvogel; sein Vorkommen ist von Griechenland über den Balkan, Karpaten- und Alpenrand bis Südfrankreich schon im Mittelalter zu verfolgen.

Franz Graf v. Pocci hat in seinem Buch „Der Fasan in Bayern" eine Fülle von Daten und Landschaften aufgezeigt, in denen seit Anfang des 14. Jahrhunderts immer wieder versucht wurde, den Fasan heimisch zu machen oder in freier Wildbahn vorhandene Fasanen zu schützen, zu verbreiten und zu hegen.

Das Jagdbuch des Roy Modus, Nationalbibliothek in Paris, aus dem Jahre 1379, widerlegt, daß der Fasan bei uns ein Fremdling ist, denn es wird auf Seite 124 beschrieben, wie der Fasan westlich der Alpen damals in freier Wildbahn bejagt wurde. Immer handelte es sich dabei – soweit uns bekannt ist – um den Ph. c. *colchicus*, den ringlosen alten „Böhmischen Jagdfasan", der auch bis 1870 auf fast allen Wildbildern einzig vorkommt. Erst im 19. Jahrhundert erhielt der Ph. c. *torquatus* (chinesischer Reisfasan) eine Bedeutung als Jagdfasan, dem sich dann der Ph. c. *mongolicus* und der Ph. *versicolor* anschlossen. Letzterer ist ein Japaner und wurde in England, mit dem Ph. c. *colchicus* gekreuzt, zum Verkaufsschlager, dem „Englischen Grünrückigen".

Auf die vielen für die freie Wildbahn nicht oder nur bedingt geeigneten Rassen soll hier nicht eingegangen werden. Es gibt Fasanenrassen vom tropischen Dschungel bis an die Schneegrenze. Selbst in dichtbesiedelten Fasanenrevieren haben diese Vögel noch kein anderes Wild gestört oder gar verdrängt, im Gegenteil, alle nutzen ihre Wachsamkeit oder auch ihre Schmackhaftigkeit.

Der letzte Krieg zeigte uns, wie schnell der halsringgeschmückte Reisfasan verschwindet, wenn die Pflege aufhört und er allein der harten nordischen Natur überlassen bleibt.

Zugleich zeigte sich aber auch, wie gut sich der Ph. c. *colchicus*, der dunkle ringlose Böhme, unserem Klima anpaßt. Auch ohne Pflege hält er sich, hat er nur die Insektenäsung wasserreicher Reviere und deren Schilf- und Auwalddeckung. In dem Beobachtungsrevier Reinfeld, Schleswig-Holstein, ausgesetzte dunkle Böhmen blieben; Reisfasanen verschwanden im ersten Winter und wurden fast ausnahmslos gerissen. Dagegen verdrängt in gepflegten, fruchtbaren Getreiderevieren mit verhältnismäßig wenig Deckung der Reisfasan bald den Böhmen. Dies war früher vor allem in Schlesien und ist jetzt in vielen westdeutschen Revieren der Fall.

Während der augenblicklichen Vollschonung aller Greife erleben wir das gleiche wie im Kriege; der ringlose Böhme hält sich noch immer, während die Vögel mit viel Torquatus- oder Mongolicusblut schon zum großen Teil verschwunden sind (Situation 1979).

Betrachten wir unsere Landschaft, so nehmen wir, wie seine Urheimat und unsere Erfahrung es uns lehren, für Zuckerrüben- und Weizengegend den Fasan mit vorwiegend Torquatus-Blut, den Reisfasan. Er ist leichter aufzuziehen als alle anderen und daher für Wildfasanerien der geeignete Fasan. Auf sich selbst gestellt, wird er vom Raubwild allzuleicht vernichtet.

Für Reviere, die zwar ärmer an landwirtschaftlichen Kulturen, aber dafür reicher an Wasser und Deckung sind, ist der Ph. c. *colchicus*, der Böhme, der richtige Fasan. So lehren es wieder seine Heimat, die buschbestandenen Flußläufe des Transkaukasus und seine aus vielen Berichten zu entnehmende selbständige Ausbreitung entlang Balkan- und Alpenrand bis Südfrankreich und unsere Erfahrung. Wird er gehegt und gepflegt, dankt er es. Kümmert sich niemand um ihn, aber sagt ihm das Revier zu und wird er anständig bejagt, so wird er nie ganz verschwinden. Er ist von Natur vorsichtiger, hat die bessere Deckfarbe und ist im ganzen wildmäßiger, daher schwerer aufzuziehen.

Außer diesen beiden wichtigen Rassen gibt es noch den Ph. c. *mongolicus.* Seine Heimat liegt 1000 km ostwärts des Colchicus in Turkestan, wo die Tamariskenbestände der Flußläufe, aber auch die beackerten Landstriche seine Heimat sind. Kalte Winter, heiße Sommer und Höhen bis über 1000 m, *aber ohne Winterschnee*, schrecken ihn nicht, denn er ist hart. Seine Hauptmerkmale sind das Fehlen der Ohren, der breite unterbrochene Halsring und die dunkel-kupferbraune Hauptfärbung. Einkreuzungen mit Ph. c. *mongolicus*, der heute wieder zu haben ist, haben sich in den Marschengebieten Schleswig-Holsteins gut bewährt. Der Ph. c. *mongolicus* wurde einst von Hagenbeck eingeführt.

Ein aus gleicher Linie stammender naher Verwandter, der ringlose Phasianus *versicolor*, hat bemerkenswerte Vertreter seit 100 Jahren in Europa. Seine Heimat Japan sagt uns, daß er gegen Klimaeinflüsse recht unempfindlich ist, kommt er doch bis 1000m hoch vor und weiß sich, vor allem in waldreichen Revieren, gut zu behaupten. Wir benutzten den nach dem Kriege als Geschenk der japanischen Jäger zu uns gekommenen Versicolor dazu, die in allen Fasanen überwiegende helle Torquatusfarbe abzudunkeln. Der Hahn mit seiner blau-grünen Gesamterscheinung und seine Henne mit dem dunkelgesperberten Federkleid sind die dunkelsten Jagdfasanen überhaupt. Leichter als die anderen Rassen, außerordentlich wendig und, wie mir scheint, nicht scheuer, aber klüger als sie, ist er rein oder in Mischung mit Colchicus der geeignete Fasan für die deutschen Mittelgebirge, wie auch sonst für Reviere mit 40 bis 70% Wald. Im Revier Oberlangenstadt bei Kronach im Frankenwald wurde mit Hilfe des Versicolor der Besatz ausgezeichnet neu aufgebaut.

Zu erwähnen ist noch der Tenebrosus, eine aus England stammende Züchtung, hervorgegangen aus einer Mutation. Ein sehr dunkler, fast violetter Vogel, der in den letzten Jahren vielfach zum Abdunkeln heller Besätze benutzt wurde. Die Hennen sind tiefbraun und wirken im Freien fast schwarz. Er ist dankbar in der Aufzucht, muß als reiner Besatz in der Freiheit aber abgelehnt werden. Einmal weil die fast schwarzen Küken ebenso auffallen wie weiße, zum anderen weil die Hennen auf der Jagd sehr leicht als Hähne geschossen werden. Als Blutauffrischung in hellen Beständen ist er jedoch sehr zu empfehlen.

Alle anderen bei uns auftauchenden Jagdfasanen sind meist *Kreuzungen* dieser Rassen, welche Namen man ihnen auch gegeben hat. Unser gebräuchlicher Jagdfasan, ob mit oder ohne Ring, stammt zur Hauptsache aus den Rassen Ph. c. *colchicus* und Ph. c. *torquatus*. Will ein Revierinhaber Fasanen einbürgern, so überlege er erst, welche Rasse nach Heimat und oben angeführten Erfahrungen wohl in sein Revier gehört und versuche, unter allen Umständen die richtigen zu bekommen.

Darüber hinaus bin ich überzeugt, daß es in dem riesigen Verbreitungsgebiet des Fasans und unter den allein 30 Colchicus-Rassen, die vom heißen Dschungel am Meer bis zu eisigen Höhen vorkommen, noch manchen gibt, der für unsere Reviere geeignet wäre.

Die Situation im Jahre 1980

Wo die Jäger die Vorteile zu nutzen wußten, da haben die baum- und strauchlose Marsch und die Inseln seit Jahren die besten Fasanenstrecken gehabt. Es gibt dort Wasser, Weizen, Weide, Kohl bis in den Winter hinein, breite Grabenränder, Schilfreste, keinen Habicht, wenig Haarraubwild, und die übersichtlichen Flächen erleichtern die Jagdaufsicht.

Wo in deckungsreichen Revieren des Binnenlandes jeder Jäger sich als Jagdaufseher betätigt, der Habicht nicht Dauergast ist und die Vögel hegend behandelt werden, hielten sich die Strecken. Jetzt gehen sie seit Jahren zurück, in der Marsch z. T. sogar rapide, oder sie lassen sich nur durch Abschuß der im gleichen Jahr aufgezogenen und ausgesetzten Vögel halten.

Ähnlich ist die Situation auch in anderen Ländern. Dabei ist der Fasan in vielen Revieren das einzige Wild, das noch mit Lust bejagt werden kann. Wir sollten ihn nicht verkümmern lassen und sind doch dabei, es zu tun. In ganz Europa! Gehen wir einmal der Entwicklung und damit den Gründen nach.

1930, in der Lehrzeit, mußte ich Fasanen aufziehen und hatte die Nase voll davon. Aber in meinem Zeugnis war es vermerkt, und jeder Jagdherr freute sich: „Ah, Sie können Fasanen aufziehen."

So behielt ich denn meinen Vogel und erlaube mir mitzureden. 1932 im Oderbruch, als Berufsjäger des preußischen Finanzministers HUGO SIMON, lernte ich begreifen, daß Fasan nicht gleich Fasan ist, und welche sich und warum in baumloser Ebene wohlfühlen.

Damals gab es große Fasanerien vor allem in Schlesien, und der *Phasianus colchicus torquatus*, leicht aufzuziehen und robust, feierte Triumphe. Auch in meinem Revier, dort, wo es weithin flach und baumlos war. In waldigen Revieren allerdings versagte er gänzlich. Immerhin war er es, der die Strecken im damaligen Reichsgebiet hochschnellen ließ.

Nach dem Kriege wollten die Jäger die Fasanenbesätze rasch wieder aufbauen. Die Vorstände der Jagdverbände setzten alles daran, ihren interessierten Mitgliedern die richtigen Vögel zu liefern. Private Fasanerien gab es noch nicht. Ich habe diese ganze Entwicklung „in vorderster Front" mitgemacht und war immer ein wenig stolz darauf, daß wir Berufsjäger, denn viele Kollegen taten ein Gleiches, mit Naturbrut und selbstgefertigtem Aufzuchtfutter tausende Fasanen in die freie Wildbahn brachten.

1949, in Reinfeld in Holstein, zog und vermehrte ich Vögel aus Wildeiern. Einige Jahre später, in Hessen, in der Fasanerie Klein-Auheim, waren es dann schon Tausende. Aber immer noch mit selbstgefertigtem Futter, und es wird heute kaum einen Sträfling geben, der so arbeiten muß, wie damals meine Lehrlinge, meine Familie und ich!

Meine Lehrlinge, heute schon selber Oberjäger und Wildmeister, kannten nur den Einsatz rund um die Uhr mit Schlafpausen je nach Wetter. Es war die Zeit, in der das deutsche Wunder in jeder Sparte von jedem erarbeitet wurde – und heute sind wir dabei, das damals mühsam Aufgebaute leichtfertig aufs Spiel zu setzen.

Einer der Lehrlinge, WERNER SCHRÖDER, heute bei der Kammer in Nordrhein, mußte sogar ein Vierteljahr mit Bruthennen und Küken hinter Gitter. Der Präsident der japanischen Jäger (er ist es heute noch), JOSHIO AKAO, schenkte mir Versicoloreier, die wegen der asiatischen Geflügelpest in Quarantäne erbrütet und aufgezogen werden mußten. Wir benötigten den dunklen, wendigen Vogel für die Mittelgebirge, unter anderem hat auch Baron Künsberg damit seinen Besatz gegründet.

Der Phasianus versicolor, mit dem gleichfalls ringlosen Ph. c. *colchicus* gekreuzt, ergibt übrigens den „Englischen Grünrückigen", mit dem die Insulaner einst mächtig angaben. Heute werden leider vielfach Schwärzlinge, eine Mutante aus England, als Versicolor angeboten.

Für die Rheinebenen, wie später auch in Schleswig-Holstein für die Marsch, habe ich aus den vorhandenen nicht reinen Rassen möglichst den Ph. *torquatus* und Ph. c. *mongolicus* nach Erscheinungsbild herausgefiltert. Der Ph. *colchicus mongolicus*, übrigens von HAGENBECK eingeführt, hat nur sehr wenig Einwirkung auf unsere Bestände gehabt, die den Halsring, der sich überall durchsetzte, vor allem vom Torquatus haben. Ph. c. *colchicus*, Ph. c. *torquatus* und Ph. c. *mongolicus* lieferten das Blut des heute vorhandenen Mischlings, des „Europäischen Jagdfasan".

Immer habe ich auf Aufzuchtwiesen ohne Draht frei aufgezogen. Solange es ging, mit natürlichen Glucken, später bei Kunstbrut mit einigen Puten als warnenden Aufpassern und Lehrmeistern. Die Puten sind dem Fasan verwandter als die Hühner. Die Eier für die Maschinenbrut wurden von Hennen gelegt, die wir erst im Januar oder Februar einfingen. In Schleswig-Holstein haben wir es dann durch den Einsatz von Wildfasanerien ab 1955 in zehn Jahren von 5000 auf 100000 Hähnestrecke gebracht (Vorkriegsstrecke mit Hennen 25000). Hennen wurden in dieser Zeit nicht geschossen!

Dabei haben wir, ich schließe hier Wildmeister DÜHR und Oberförster HANSEN ein, immer für deckungsreiche Reviere Vögel mit dem äußeren Erscheinungsbild des Ph. c. *colchicus* geliefert und für deckungslose Reviere Ph. c. *torquatus-mongolicus*. Von reinen Rassen konnte man schon seinerzeit nicht mehr reden. Ab Mitte 1960 mußten die Revierinhaber allein weitersorgen, wir lieferten nur noch gelegentlich Eier aus Wildfängen. Die anderen

Jagdverbände haben gleich oder ähnlich gearbeitet wie Schleswig-Holstein und Hessen.

Wie ging es nun weiter, als diese ideelle Arbeit der Landesjagdverbände, die viel kostete, aufhörte, weil sie überflüssig schien? Fast zehn Jahre blieben die Strecken auf ungefähr gleicher Höhe, mit nur geringen wetterbedingten Schwankungen nach unten und oben. Die Schulung in Jagdaufsicht und Hege tat das ihre. In manchen Ländern schnellten die Strecken jedoch deshalb nach oben, weil eine Vielzahl entstandener gewerblicher Fasanerien den Jägern, die wieder mehr Geld ausgeben konnten, jede Menge Vögel zum Aussetzen lieferten. Diese, heute seit vielen Generationen mittels Kunstbrut und künstlicher, enger Aufzucht gezogenen Vögel, verderben im Revier nach letzten Erfahrungen bei wiederholtem Aussetzen mehr, als sie anfangs gutzumachen scheinen.

Die Hähne behalten natürlich auch in den heutigen Fasanerien ihre Tretlust, denn die Legelust der Hennen wird ja durch entsprechende Futtergaben gefördert; wenn man Nachzucht will, müssen die Hähne treten. Es gibt allerdings auch schon künstliche Befruchtung. Behalten aber die Hennen ihre Brutlust derart, daß sie gleich nach dem Aussetzen brüten? Auf jeden Fall fehlt den aus Fasanerien kommenden Vögeln das Wichtigste für die Freiheit: Die „Eignungsprüfung“ durch die Auslese im Revier!

Im Revier wird nur der Nachwuchs groß, der eine Henne hatte, die gut brütete, die den richtigen Nistplatz wählte, zur richtigen Äsung führte und mit ihren Feinden fertig wurde. Diese natürliche Auswahl fehlt seit Generationen fast allen Fasanen, die heute ausgesetzt werden. Deshalb habe ich grundsätzlich bei der – nicht gewerblichen – Nachzucht für die Verbände aus Wildfangeiern gezogen. Seit einem Jahrzehnt hat niemand mehr auf landschaftsgerechte Fasanen geachtet, und allen zur Zeit ausgesetzten Fasanen fehlt als Voraussetzung für die Behauptung im Revier jegliche natürliche Auslese.

Zu diesen beiden Minuspunkten gesellen sich noch die in letzter Zeit erlassenen jagdschutzfeindlichen Gesetze.

Es ist doch Unsinn, einen Vogel heute noch als Fremdling und Asiaten zu bezeichnen, der länger bei uns ist als die Hauskatze, nachdem wir, dank Robert Heitkamp, den Roy Modus in Deutsch lesen können. 1370 wurde der Fasan westlich der Alpen in freier Wildbahn gejagt. Der Ph. *colchicus colchicus* (ringlos), Jahrhunderte „Böhmischer Jagdfasan“ genannt, hat sich demnach die ihm zusagenden Teile Europas selbst erobert.

Stamatopulos, Vizepräsident der griechischen Jäger, zeigte mir in der Nähe von Alexandropulis einen Urstamm des Ph. c. *colchicus*, wohl den letzten unverfälschten in Europa. Auf allen Abbildungen bis ins 19. Jahrhundert ist nur dieser „Böhme“ zu sehen. Die Berufsjäger und Fasaneriemeister, vor allem in England, haben dann lediglich verwandte einkreuzbare Rassen dazugeholt.

Es wettert ja auch niemand gegen die Kartoffel, den Mais oder die Sitkafichte, um nur einige der über 100 tatsächlichen „Fremdlinge“ in unserem Ernährungsgarten – unserer Landschaft – zu nennen, einer Landschaft, die der Mensch bis auf den letzten Quadratmeter für sich beansprucht.

„Der Fasan ist ein Fremdling ..., der Fasan verdrängt das Rebhuhn ..., wegen der Fasanen müssen Habicht und Bussard aussterben ...“

Nicht eine dieser Behauptungen stimmt, sie trugen aber dazu bei, die Hege zu einem Politikum werden zu lassen. In der Folge vernachlässigten Jagdverbände und verunsicherte Heger just den Vogel, der uns vielleicht als letzter Jagdfreuden in unserer erpreßten Landschaft vermitteln wird. Seine Hege kommt zudem vielen anderen, vom Singvogel bis zum Raubwild, zugute. Jahrzehnte wurden in Schleswig-Holstein alle überalterten Hennen dem Raubwild überlassen, keine geschossen.

Endlich, sagten wir Heger 1975, scheint das Rebhuhn seine familiengebundene Abneigung gegen ein zweitmaliges Brüten abzulegen. Es würde ja auch sonst kaum überleben. Just da werden alle Greife geschont. Nun haben wir es im Gesetz, als müßte man uns, die Heger, mit dem Knüppel des Gesetzes zu der von uns, den Hegern, gepredigten Waidgerechtigkeit zwingen, die doch alle Kreatur erhalten will. Sollen wir lachen oder weinen?

Hohe Schneelagen ließen die Greife doppelt gefährlich werden, so sind die Strecken nicht heruntergegangen, sie sind abgestürzt. Was auf dem Festland das Raubwild und die chemisch gesteuerte Landwirtschaft verursachen, das machen auf den Inseln – einst ein Reservoir für gesunde Fasanen (Föhr) – die Fremdenindustrie und die Silbermöve.

Um uns den Fasan für die Zukunft als Jagdwild zu erhalten, wären (am besten von den Verbänden) wieder Fasanerien einzurichten, die dem Jäger verbilligte, landschaftsgerechte, natürlich gezogene Vögel liefern. Es gibt in ganz Europa nur vereinzelt Fasanerien, die fast reinrassige Vögel oder für bestimmte Gebiete besonders geeignete Fasanen anbieten können. Die meisten Rassenangebote sind schlichter Schwindel, der größte dieser Art die sogenannten Heckenbrüter. Hierzu möchte ich noch bemerken, daß alle gutgeführten Verbandsfasanerien ihre Anlagen auch anderweitig nutzten. In Reinfeld zogen wir nebenbei Wildenten und Rehwild (kurz nach dem Kriege). In Hessen Damwild und bis zu 500 Rebhühner jährlich. In Wolmersdorf zogen wir neben Fasanen und Rebhühnern auch Enten, Birkwild und europäische Wachteln. In einer Rettungsstation dieser Fasanerie wurde von der Krähenscharbe über den Seeadler bis zum Fischotter und dem Seehund fast alles behandelt und der Freiheit wiedergegeben.

Für wiederauflebende, ideell betriebene Fasanerien sollten wir uns das beste an Wildvögeln holen, vor allem auch den Versicolor aus Japan für die Reviere mit viel Waldanteil bis 500 m Höhe.

Fasanenmeister an der Camargue denken genauso wie ich, die Probleme im Süden Frankreichs sind dieselben wie im Norden Deutschlands.

Besinnen wir uns wieder auf die Hege!

Versuchen wir zurückzuzüchten auf den Ph. *colch. colch.*, mit dem wir keine Massenstrecken erzielen, uns aber bescheidene Jagdfreuden erhalten. Jedes Revier kann sich heute fast mühelos 100 Fasanen selbst aufziehen (siehe Seite 26). Wenn das in jedem Hegering zwei oder drei Reviere machen und dazu Eier von Wildfängen nehmen, so wird bald allgemein ein Erfolg zu spüren sein.

Die Lebensweise des Fasans und seine Feinde

In diesem und den folgenden Kapiteln wird von der heute vorherrschenden Mischung aus 40% ringloser Böhmen und 60% ringtragender Reisfasanen gesprochen.

Das *ideale Fasanenrevier* ist eine warme Auwaldlandschaft mit je einem Drittel Wald, Feld und Wiesen mit Wasser und Schilf. Je mehr ein Revier von diesen Gegebenheiten abweicht, um so weniger ist es für die oben angegebene Mischung, also den heute landläufigen Fasan, geeignet. Gänzlich ungeeignet sind reine Wald- oder reine Feldreviere.

Bei den reinen Feldrevieren muß ich die Einschränkung der schleswig-holsteinischen Marsch anführen in den Gebieten, in denen Kohl als Feldfrucht angebaut wird. Allerdings kam hier der Habicht nicht vor. Und Fuchs, Wiesel und Rohrweihe sind seltener als sonst. Seit der gänzlichen Greifvogelschonung traut sich der Habicht leider auch in die Marsch und jagt, soweit ihm nur geringste Deckung seine Pirschjagd ermöglicht.

Der Fasan läuft lieber, als er fliegt. Die Nächte verbringt er über dem Boden, er baumt auf. Der starke Hahn erkämpft sich mehrere Hennen, ein Geschlechterverhältnis von 1:4 bis 1:8 ist daher vertretbar und nicht ungewöhnlich. Es genügen wenige Tretakte, wenn nicht gar nur einer, für das ganze Gelege. Er brütet am Boden in flacher Nestmulde mit wenig Nistmaterial. Die Henne legt im Durchschnitt 12 bis 14 Eier, die 24 Tage bebrütet werden. Die Küken verlassen das Nest nach 24 Stunden und nehmen sofort Insektennahrung bis zur Größe eines Ohrwurms auf. In den ersten Wochen sind zartes Grün und Insekten ihre Nahrung, zu der, wie die Natur es im Jahresablauf bietet, nach und nach Unkraut- und Getreidesamen kommen. Erwachsen ist der Fasan vor allem auch Knollenäser. Sein Schnabel wächst in Volieren mit Kunstboden zu einer richtigen Schaufel aus. Er scharrt nur, um sich den Boden für die Schnabelarbeit freizumachen. Er ist also kein Scharrvogel, sondern gräbt mit dem Schnabel. Am besten sieht man es auf einem mit Haarmücken verseuchten Roggenschlag im zeitigen Frühjahr. Hier gräbt er mit dem Schnabel neben dem Halm tiefe steile Löcher, um an das Insekt zu kommen. Dabei zupft er den Roggenhalm oft mit dem Keimkern heraus, ohne diesen zu äsen. Nur die Larve hat ihn interessiert. Es ist noch nicht erforscht, woran er von außen den Larvenbefall erkannt hat.

Eine Äsungstabelle für Fasanen kann nur aufzeigen, wovon sie derzeit bei uns leben. Seine Ernährungspalette ist außerordentlich breit, denn er ernährt sich überall auf der Welt; in China, in Amerika, in Europa. An seinem Vorkommen ist abzulesen, wie sehr den Tieren Gefahrlosigkeit vor Ernährung geht. Kropfuntersuchungen spiegeln daher stets nur das Angebot wieder, aber nicht die Wunschnahrung dieses Vogels.

In einem besonders günstigen Jahr kann damit gerechnet werden, daß zwei Drittel der Küken durchkommen, in einem normalen Jahr die Hälfte und in einem schlechten Jahr, wenn zudem das Revier voller Raubzeug steckt, gar nichts. Vor allem aber soll der Jäger sich in seinem Revier darüber im klaren sein, wieviele Gelege überhaupt zum Schlüpfen kommen. Heute sind die Gelege oft gefährdeter als später die Küken.

Untersuchungen und Zählungen von Herrn Blohmeier im Kreise Osnabrück (zwei Drittel Ackerland) haben ergeben: eine Henne im Frühjahr erlaubt das Strecken eines Hahnes im Herbst. Das sollte man sich, solange man nicht eines besseren belehrt wird, zur Regel machen.

Einiges zur Biologie

Alle biologischen Daten des Fasan findet man in Peterson, Die Vögel Europas, Verlag Paul Parey. Daher wollen wir hier nur das Wichtigste anführen. Die Gewichte erwachsener Tiere sind beim Hahn 1400 Gramm, bei der Henne 1200 Gramm im Schnitt. Die Brutdauer beträgt 22 bis 24 Tage, je nach Störung während der Brutzeit. Es ist also nicht so, daß die Eier bei einem sogar sehr ernsten Auskühlen abgestorben sein müßten. Die graugrünlichen Eier wiegen 30–35 Gramm, das Gelege hat 10 bis 16 Eier, normal 12 bis 14. Das Nest ist eine flache Mulde in niedriger Deckung.

Tatsächlich kann der Fachmann schon bei der Schlupf Hahn und Henne auseinanderhalten, denn es sind vom Hahn schon Andeutungen der Balzrosen an den Augen zu erkennen. Vor der Schlupf schon beginnen die Hand- und Armschwingen zu wachsen. Zehntägige Küken wirken befiedert und wollen flattern. Die Küken entwickeln sich zwar nicht so schnell wie die Birkwildküken, wollen aber nach drei bis vier Wochen aufbaumen und sind mit 15 Wochen ungefähr selbständig. Es ist dann auch die Führungsdauer beendet. Es führt die Henne, jedoch nimmt der Hahn während der ganzen Brut- und Aufzuchtzeit ein Wächteramt ein, das er sehr ernst nimmt. Da eingehende Untersuchungen über das Geschlechterverhältnis fehlen, muß man beobachten, wieviele Hennen der Hahn schützen kann. Der Normalfall im Niederwildrevier ist ein Verhältnis von einem Hahn zu vier bis sechs Hennen. In der Regel besser 1:4 als 1:6, obgleich die Befruchtung auch noch bei 1:10 gut ist. Ein einmaliges Treten reicht fast für das ganze Gelege. Jedoch nochmals, bei zuviel Hennen kann der Hahn sie nicht abholen, zur Äsung führen und genau bewachen. Die Aktivität der Vögel liegt vor allem in den frühen Morgen-, den Mittags- und den späten Abendstunden. Sie sind daher leider ganz besonders habichtgefährdet.

Meine Frau und ich haben vom Fenster unserer Fasanerie aus immer wieder beobachten können, daß zueinander passende Vögel, also gleiche Rassen sich anziehen. Z.B. Hähne mit äußerlicher Torquatus-Erscheinung die zu ihnen passenden Hennen und Hähne mit äußerlicher Ph. c. colchicus-Erscheinung Hennen mit eben dieser Erscheinung führten. Es ging sogar so weit, daß die Tenebrosushähne (Schwärzlinge aus England) die zu ihnen gehörenden passenden schwarzen Hennen um sich scharten.

Hähne, die im Frühjahr kein eigenes Territorium finden, stören die Brut nicht, werden allerdings überall vertrieben, so daß sie an den Rand des Vorkommens gedrängt werden. Bei inselartigem Vorkommen ist das, wahrscheinlich auch in ihrer Urheimat, der beste Schutz der Aufzucht gegen aus der Umgebung einfliegendes oder einschleichendes Raubwild.

Alte Hennen und alte Hähne, das hat jeder Fasanenheger sicher schon beobachtet, haben immer die besten Revierplätze; ähnlich wie bei den Böcken. Alte Hennen von jungen Hennen zu unterscheiden, wenn beide ausgefiedert und voll erwachsen sind, ist nur am Benehmen möglich. Vor allem am Benehmen an der Fütterung. Auch hier das Beispiel Rehwild; die alte Ricke und der alte Bock werden das jüngere Stück immer von der Futterkrippe vertreiben, solange sie noch nicht satt sind. Ist es nicht fast überall so in der Tierwelt?

Bevor das Dunenkleid ganz verschwunden ist, setzt schon die Jugendmauser ein. Mit 37 Tagen beginnt die Erneuerung der Armschwingen. Mit 16 bis 18 Wochen sind alle Flügelfedern erneuert. Normal ausfallende Gelege sollten Anfang Oktober fertig vermausert sein.

COLCHICUS
MONGOLICUS
TENEBROSUS
VERSICOLOR
TORQUATUS
KREUZUNG aus
Colchicus
Mongolicus
Torquatus

Die Stimmen sind durchaus nicht allgemein bekannt. Wohl kennt jeder das Gocken des Hahnes, aber das ganz leise Locken der Hennen, das Locken der Küken, das Antworten der Küken, das Tretlocken des Hahnes und das Rufen der Hennen nach dem Hahne, an dem man in der Fasanerie auch erkennen kann, ob der Hahn die Hennen gut tritt, ist kaum bekannt. Tritt der Hahn nicht, so geben die Hennen einen ganz bestimmten kläglich klingenden Ton von sich.

All dieses muß der Fasanenheger mit Fleiß abhören und seine Vögel beobachten, damit er die richtigen Maßnahmen in der Hege treffen kann. Das reine Balzgehabe des Hahnes, das zugleich die Behauptung seines Einstandes andeutet, also das scharfe Schwingenflattern, Gocken und kurze Aufsteilen sind wohl allen Jägern bekannt und müssen nicht näher beschrieben werden.

Der Fasan ist durchaus ein Standvogel. Zwar fließt er aus höheren Lagen, wenn viel Schnee fällt, ab wie das Wasser, kehrt aber, wenn ihm unterwegs nichts passiert, zurück. Leider passiert ihm zumeist etwas. Nach dem Aussetzen kann er schon einmal zwei bis vier Kilometer im Umkreis seinen passenden Einstand suchen, das ist für ihn keine Entfernung, betrifft aber heute oft schon drei bis vier Reviere. Hat der Hahn im Sommer seinen Harem, so lebt er im Winter gesellig, d. h., die Hähne vergesellschaften sich im Herbst, und der Jäger darf nicht glauben, wenn er plötzlich in einer Revierecke sehr viele Hähne sieht, dieses für allgemein zu halten und gar seinen Abschuß danach auszurichten.

Die Küken sind in der Aufzuchtzeit vor allem auf Lebendeiweiß angewiesen. Daher bevorzugen die führenden Hennen feuchtes Gelände, in dem bekanntlich mehr Insekten zu Hause sind als auf trockenem Boden. Diese für die Küken notwendige Insektenäsung macht den Fasan für die Landwirtschaft als Schädlingsvertilger interessant. Immer wieder höre ich dabei: Die Küken nehmen die großen, roten, bitterschmeckenden Larven des Kartoffelkäfers nicht. Das stimmt. Aber dafür picken sie, viel wirksamer im Endeffekt, die Eierpakete des Kartoffelkäfers von der Kartoffelstaude ab.

Die Küken sind Nestflüchter; sind alle trocken, verläßt die Henne mit dem Gesperre den Nistplatz. Am 10. Tag können die Küken kleine Strecken fliegen. Sie ernähren sich in der ersten Lebenswoche fast gänzlich von Insekten, die auch in der 3. Woche noch bis zu 70% der Nahrung ausmachen. Ungefähr ab 6. Lebenswoche beginnt die normale Ernährung, die auch bei Altfasanen noch zu 15–20% und mehr aus tierischer Nahrung besteht.

In Griechenland, in der Gegend von Tricala, vermehrten sich die Fasanen innerhalb von 16 Monaten in einem Flußtal von einer Henne auf 14 Vögel. Es springen dort allerdings bei jedem Schritt ein Dutzend Grashüpfer auf, und es gibt in dem Klima keine Balz- und Brutruhe. Übrigens befindet sich in

Griechenland, in Trakien, wohl der letzte, von altersher unberührt gebliebene urwüchsige Stamm der Ph. c. *colchicus* in freier Wildbahn.

Der Fasan hat viele *natürliche Feinde*. Die *Eier* werden von Dachs, Marder, Krähe und Elster genommen. Den Igel habe ich beim Eierraub noch nicht gesehen, weiß aber von vielen Augenzeugen, daß er Eier gern nimmt. Wohl aber habe ich ihn beim Kükenraub unter der Henne erwischt. Da dies im Aufzuchtkasten geschah, ist für mich noch nicht bewiesen, daß er es in freier Wildbahn auch tut. Der Dachs *muß* im Fasanenrevier kurzgehalten werden. Es ist aber nicht Aufgabe dieses Buches, die Kurzhaltung des Raubwildes und Raubzeuges zu beschreiben, ich verweise auf meine Bücher „Jagd und Fang des Raubwildes“ und die „Jagdbetriebslehre“, Verlag Paul Parey. Ich gebe daher hier immer nur kurze Tips. Der Dachs ist im Gegensatz zum Fuchs auf seinen Bau unbedingt angewiesen. Wer den Dachsbau findet, „hat“ den Dachs, auch wenn er sich nicht graben läßt.

Krähen und Elstern bauen ihre Nester in einer Zeit, in der die Bäume noch kahl sind. Der Abschuß der Brutvögel ist also leicht. Gifteiër auszulegen macht Mühe, bringt aber Erfolg, ist jedoch nicht überall erlaubt. Wie man es machen muß, sagen die Herstellerfirmen. Ich lehne die Giftanwendung ab.

Die *Küken* werden geraubt vom Raubwürger (Hals gerupft und abgenagt), Wiesel (Genickbiß oder ganz verschleppt), Iltis und Marder (verschleppt), Sperber und Habicht (Rupfungen), Katze (Riß), Fuchs (ganz verschlungen, bei größeren Küken Riß). Dem Würger sind die Küken schon in 8 Tagen entwachsen. Die Behausungen von Wiesel, Iltis und Marder zeigen die Reste der zusammengeschleppten Jungvögel. Allen Kasten- und Wieselwippbrettfallen ist ein *langer* und *glatter* Einlauf zu geben. Der Sperber muß ferngehalten werden, der Habicht wird *lebend* im Habichtskorb gefangen, und man sollte ihn möglichst an die Falkner abgeben. Den Habichtsfang soll man immer etwas gedeckt aufstellen. Die Jagdarten auf Fuchs sind bekannt. Die Katze bekommt man am besten frühmorgens auf trockenen Sandwegen beim Rückwechsel zum Dorf und in der Kastenfalle.

Abb. 1. Kenntnis des Geläufs ist wichtig bei Wildschäden

Den *erwachsenen Fasan* schlägt der Habicht, reißen Katze und Fuchs. Der Habicht zehntet die Fasanen mehr als alle anderen, die Eierräuber ausgenommen.

Ist der Hahnenbesatz im Frühjahr

zu gering, so müssen Hähne ausgesetzt werden, um das Verhältnis von 1:4 wieder herzustellen, denn die Henne ist in den kommenden Monaten auf das Wächteramt des Hahnes angewiesen.

Der wildernde Hund schadet im Fasanenrevier durch Unruhe. Sicherheit geht dem Fasan, wie allen Tieren, vor guter Ernährung.

Der Schaden, den Möven, Krähen, Haustauben und Wildtauben anrichten, wird oft dem Fasan zugeschrieben. Der Jäger sehe sich genau das Geläuf an, ehe er zahlt (Abb. 1).

Das Revier fasanengerecht gestalten

Für die Anlage einer Wildfasanerie muß eigener Grund und Boden vorhanden sein, wenn sie auf Dauer große Strecken bringen soll. Liegt das Revier nicht über 400 m hoch und klimatisch günstig, wie fast überall in Westdeutschland, und ist es zudem für unseren heutigen Fasan geeignet, so kann bei Vorhandensein von 4 Morgen Ackerland die Anlage einer Wildfasanerie in Angriff genommen werden.

Der in der Dorfgemeinschaft lebende Heger weiß, wie schwer der vom Niederwildausschuß des DJV herausgestellte Grundsatz: „Schafft den richtigen Lebensraum (Biotop), das Wild kommt von selbst –" im Dorf zu verwirklichen ist. Kein Bauer gibt freiwillig Land ab. Keinen Meter! Die Heger helfen sich zumeist durch Anbau von Zwischenfrucht, die aber auch nur hilft, wenn sie bis März steht.

Erstes und Wichtigstes ist die richtige Platzwahl. Der Teil eines Revieres, in dem Rotwild als häufiges Wechselwild vorkommt und sich ab und an Sauen stecken, entfällt, denn beide sollen nicht vergrämt werden. Dort aber, wo die Wiesen und Feldbreiten an den Wald laufen, wo die Grenze des Revieres weit genug entfernt ist, wo sogar Wasser oder wenigstens einige Morgen recht feuchter Wiese vorhanden sind, suche ich mir den geeigneten Platz. Oft kann hierfür weitgehend Ödland benutzt werden.

Wir brauchen die Nähe des Waldes, besser noch die der Feldgehölze zum Aufbaumen, und wir brauchen Wiese und niedere Deckung.

Ich muß aber jetzt, im Jahre 1980 darauf aufmerksam machen, daß alle Liebesmüh umsonst ist, wenn wir die gänzliche Schonung der Greifvögel behalten und sich der Habicht weiter so vermehrt wie in den letzten Jahren.

Doch weiter: Nehmen wir als Beispiel ein kleines langgestrecktes, 2 ha umfassendes Feldgehölz 500 m vor dem Walde. An den Rändern stehen einige alte Eichen, Wildkirschen, Eschen, Erlen, Nuß und Dorn, teils licht, teils dicht, Brombeere, Himbeere und was in diese Pflanzengesellschaft sonst noch gehört. Zwischen Feldgehölz und Wald erstrecken sich gute Wiesen, auf der anderen Seite, nach dem Dorfe zu, die Ackerbreiten. Hat man solche günstigen Plätze nicht, muß man sich *Remisen* anlegen, die aber selbstredend nicht von heute auf morgen hoch und fertig dastehen.

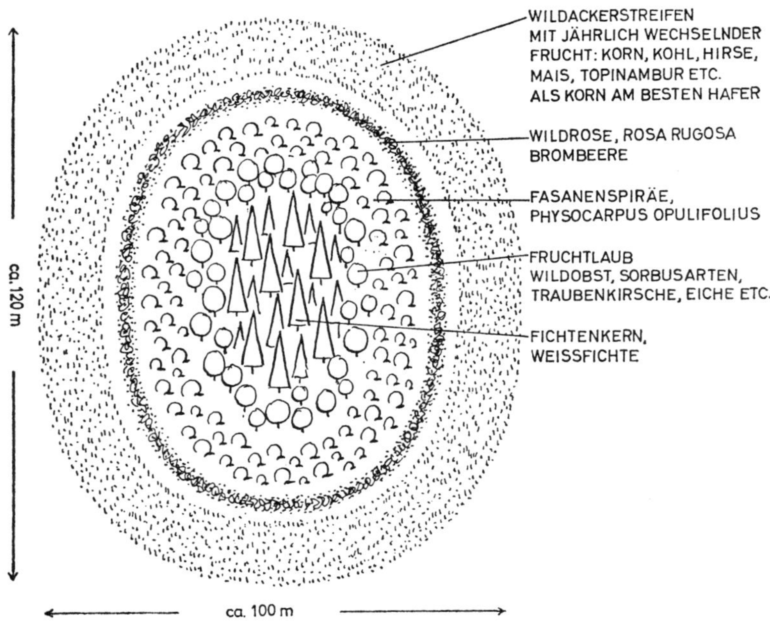

Abb. 2. Dauerremise

Je nach Gegend und Boden wird man einen Koniferenkern, also Fichte und Kiefer, mit Laubwald (Weiß- oder Roterle, Eiche, Esche, Aspe und andere) umgeben. Auflockern und auslaufen lassen wird man das Ganze in Rubusarten (Himbeere und Brombeere), Holunder, Liguster, Hartriegel, Weißdorn, Schnellball, Schlehe, Boxdorn, Rosen, perenierende Lupine, um nur einige zu nennen. Dabei ist zu bedenken, daß die beerentragenden Sträucher Luft und Licht brauchen, wenn sie fruchten sollen. 100m vom Feldgehölz entfernt an der waldabgekehrten Seite wird in der Länge des Feldgehölzes ein *Weidenheger* oder werden einige Streifen Fasanenspiräe angelegt. Die Spiräe bietet den Fasanen leichte Deckung, in der sie sich gut bewegen können. Sie sehen alles und sind sicher vor ihren Feinden. Die Spiräe ist ein Humusbilder und insektenfreundlich. Ihre Früchte locken auch Kleinvögel. Weidenkulturen sind neben Rhabarberstauden die beste mir bekannte Insektenweide für die Fasanen. Wer sich eingehend über die Anlage von Remisen, Weidenkulturen usw. orientieren will, dem empfehle ich das im Verlag Paul Parey erschienene Buch „Das Jagdrevier" von G. v. LETTOW-VORBECK.

Wo diese Anlagen wechseln sollen, legen wir keine Baum- und Buschumrandung an, sondern umpflanzen sie mit einem 10 m breiten Streifen, und zwar im jährlichen Wechsel mit Mais, Hirse und Lupine, wovon jeweils die Hälfte nach der Ernte gepflügt und gedüngt wird, die andere Hälfte aber bis in das nächste Jahr stehenbleibt. Ein ähnlicher Streifen wird vor dem Wald angelegt, wenn dort natürlicher Heckenschutz fehlt.

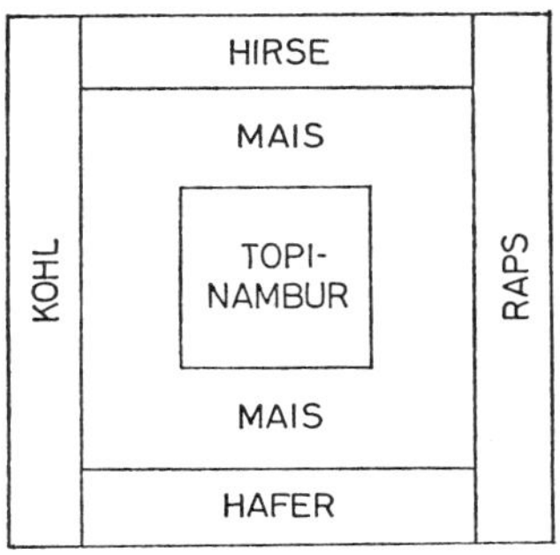

Abb. 3. Jahresremise

Dauerremisenstreifen werden in der Art der Holsteiner Buschkoppeln angelegt, also alle sechs bis sieben Jahre auf den Stock gesetzt, bis auf die reichlich eingestreuten Beeren-Plätze: Johannisbeere, Schneebeere, Stachelbeere, Liguster, Traubenkirsche und freistehende Fichten. Bis unten beastete Fichten, die man nicht älter als 15 Jahre werden lassen soll, und Hartriegel *(Cornus sanguinea)* sowie Fasanenspiräen *(Physiocarpus opulifolius)* sind mit das Beste, was wir dem Fasan in der angelegten Deckung bieten können.

Die Deckungsstreifen für die Feldfrüchte brauchen nicht besonders groß zu sein, aber bei einer Mindestbreite von 5 Metern möglichst langgestreckt. Sie werden gemistet und im ersten Jahr mit Topinambur, Mais, Kuhkohl und Rosenkohl bebaut, im 2. Jahr ohne Mist mit Hirse, Buchweizen, Lupine. Topinamburknollen werden erst im Frühjahr, wenn das Land frostfrei ist, aufgepflügt. Sie erfrieren im Boden nicht. Ihr Anbau geschieht wie Kartoffel.

Der Anbau von Mais ist bekannt. Kuhkohl (Markstammkohl) wird im Hausgarten gesät und später ausgepflanzt. Rosenkohl ebenso. Der Buchweizen wird im Breitwurf gesät. Seine Früchte sind im Milchstadium für den Fasan sehr begehrenswert. Die Hirse, mit der ich in den letzten Jahren gute Erträge hatte, habe ich nach langen Versuchen nunmehr folgendermaßen angebaut: Ich kaufe mir in einer Vogelfutterhandlung frische Hirse aller Sorten, säe sie auf gut gelockertem Boden im Breitwurf aus und harke sie ein. Sie gedeiht noch auf Boden, der keinen Buchweizen mehr trägt, und wächst verhältnismäßig schnell heran. Es genügt, wenn sie Anfang Juni gesät wird. Als erstes reift die Kolbenhirse, die wie alle Hirsearten von Fasan und

Rebhuhn gierig genommen wird. Ist die Kolbenhirse restlos abgeäst und dabei in größtem Maße zu Boden gedrückt, so kommt die Rispenhirse erst richtig durch und bietet drei Wochen nach der Kolbenhirse für Fasan und Rebhuhn beste Äsung. Dazu ist das abgeäste Hirsefeld mit seinen heruntergebrochenen Stengeln ein ideales Unterschlupfgelände. Mit dem Anbau der Lupine kennt sich jeder Bauer aus. Die vorgenannten Pflanzen baut man nach Möglichkeit so an, daß die Hauptwindrichtung berücksichtigt wird. Also in Luv angefangen mit Lupine, dann Hirse oder Buchweizen, dann Mais und dann Topinambur, der im Oktober auf 1,20m geknickt wird, so daß die Spitzen herabhängen.

Nehmen wir einmal an, es wären statt einer Kleinaufzucht, wie ab Seite 26 beschrieben, nach demselben Muster statt 60 Fasanen 600 aufgezogen worden und von einem Berufsjäger oder sonstigem Revierpfleger betreut. Der hat dann schon während der Aufzuchtzeit viel zu tun. Er muß Futtermischungen herstellen, die angebauten Pflanzen hacken und sauberhalten, und muß auch immer wieder Zeit finden, das Raubwild zu bejagen und Raubzeug zu bekämpfen, denn Wiesel, Sperber und Habicht sind dauernd hinter seinen Jungfasanen her. Katze und Hund, Fuchs und Dachs darf er nicht dulden, und trotz aller Mühe wird er immer Verluste haben. Es wird kein Tag vergehen, an dem nicht irgendeine Sorge auftritt. Der September ist die Zeit, in der neben den nun eingejagten Junghabichten auch das übrige selbstbewußt werdende junge Raubrittervolk den Kreis der mütterlichen Vorsicht verläßt und oft mehr dumm als kühn auf Abenteuer zieht. Wer jetzt nicht aufpaßt, dem kann es passieren, daß in wenigen Tagen seine Fasanen versprengt sind.

Wir können annehmen, daß die am 10. Juni in die Aufzuchtwiese gebrachten Fasanen am 15. September keinerlei Pflege mehr bedürfen, sondern nur noch Trockenfleisch und dazu die Fasanenkükengrütze mit dem Alleinkorn. Bis Ende September haben wir noch einen Wassernapf an den Fütterungen (Schütten) stehen. Ab Oktober beschicken wir sie dann mit Druschabfällen und geben *Leckerfutter.* Alles, was im Revier an Überfluß vorhanden ist, wird nicht dazu gehören. Es wird aber in einem Revier, in dem kein Weizen vorhanden ist, der Weizen Leckerfutter sein. In einem Revier, in dem kein Mais vorhanden ist, wird es der Mais sein, und so geht es fort. Gut zu halten sind die Fasanen, wenn die Schütten Kaff- und Druschabfälle enthalten und mit Abfallrosinen beschickt werden. Man kann sie in Hafenstädten kaufen. Weiter geben wir zu den Druschabfällen ein paar getrocknete Garnelen.

Ist bisher alles einigermaßen gutgegangen, wird für Mitte November die erste Jagd festgesetzt. Haben wir unsere Feldschütten in Ordnung und überall Leckerfutter gegeben, so werden wir die Fasanen sicher bis zur Jagd halten können. Wenn sich eine neuangelegte Wildfasanerie 1000 Eier besorgte und es sind 600 Fasanen groß geworden, so ist das ein guter Erfolg. Es sind dann

Abb. 4. Die Schütte in der Voliere sieht so aus wie später im Revier

Abb. 5. Schütte im Revier

ungefähr 300 Hennen und 300 Hähne vorhanden. Die oft erwähnten Hennen- und Hahnenjahre existieren nicht. Wenn wir auf je sechs Hennen einen Hahn rechnen, so brauchen wir im Frühjahr zu unseren 300 Hennen nur 50 Hähne, können theoretisch also 250 schießen lassen. Wir strecken aber nur 200 Stück, denn 50 Hähne brauchen wir, um die Winterverluste und die erfahrungsgemäß auf der Jagd krankgeschossenen (15%) auszugleichen. Selbstredend wird auch der Hennenbestand Winterverluste durch Raubzeug erleiden.

Nach der Jagd werden die schon vor geraumer Zeit weiter hinaus ins Revier gebauten Fütterungen ebenfalls beschickt, denn jetzt geht es in den Winter.

Die Fasanenfütterungen sollen immer gleich aussehen, und zwar so, wie sie schon der Vogel in der Wildfasanerie vorfindet, wenn er vom Futterbrett entwöhnt wird. Die Fütterung muß dort stehen, wo nicht jeder Greifvogel auf Sichtnähe einen Ansitzbaum hat und wo nicht Fuchs und Katze das Anpürschen leicht gemacht wird. Der Fasan muß von der Fütterung rasch abstreichen oder besser noch zu Fuß entfliehen können. Der ideale Futterplatz liegt in einem sehr sorgfältig gesäuberten und 2 bis 3 m hoch aufgeasteten Kiefer- oder Fichtenstangenort am Rande des Waldes, in dem die Stangen so dicht wie möglich stehen. Die Vögel haben hier nach allen Seiten Blickfeld und Fluchtmöglichkeiten. Es gibt keine Schneeverwehungen, und die Krähen gehen hier nicht hinein.

Schlagbäume und Würgefallen sind mit großer Vorsicht aufzustellen, da der Fasan an jeden Fleischköder geht. Es wird also ein lockerer Reisighaufen so geschichtet, daß innen eine Höhlung bleibt, in der die Falle steht. Der obere Teil des Reisighaufens ruht auf einer Stange, mit der man ihn leicht anheben kann, um die Falle zu beködern und zu stellen. Unten im Reisighaufen befinden sich durchgestoßene Gänge, die so beschaffen sein müssen, daß der Fasan sie nicht passieren kann. Dieserart kann man Würgefallen direkt an Schütten einbauen und beködern.

Auch im lichten Altholz, in einer Ecke des Weidenhegers, dessen Ruten deshalb erst im Frühjahr geschnitten werden, stehen die Schütten gut. Niemals aber sollte man sie in dichten Dickungen, an Grabenrändern, genau unter einzelnen Bäumen und nicht auf blankem, freiem Feld aufstellen. Im lichten Altholz oder an freier gelegener Stelle stehende Fasanenfütterungen erhalten eine 5 m lange Stange mit einer aufgehängten toten Krähe. Die Artgenossen werden zwar erst einmal krächzen, dann aber den Ort meiden, Elstern und Eichelhäher sind ernsthafte Mitfresser, die man aber in einfachen Eichelhäherfangkörben fangen kann. Den Kleinvögeln gönne man ein paar Körnchen. Die Mäuse werden in Wiesel-Wippbrettfallen gefangen.

Wir ziehen die Fütterungen so weit ins Revier, wie wir die Fasanen haben wollen. Sie werden an die Fütterung herangebracht, indem man beispielsweise eine schmale Futterbahn von der in einem Stangenholz stehenden Fütterung bis an den Waldrand und ein Stück über diesen hinaus ins Feld streut. Besser noch legt man die Futterbahn in mehrere Richtungen an. In der Kaff- und Spreumischung darf nur soviel Körnerfutter vorhanden sein, daß der nunmehr erwachsene Fasan sich Stunden mühen muß, um satt zu werden. Findet er auf den Feldern viel und gutes Futter, müssen wir ihn mit Leckerfutter festhalten, findet er auf den Feldern nichts Nennenswertes mehr, wird er mit Erhaltungsfutter beschäftigt. Besonders wichtig ist diese Beschäftigung bei Schnee. Maiskolben werden hochgebunden und die Kafflage dicker gegeben. Bei anhaltendem Schnee ist es gut, Heufegsel, d. h. die vom Heuboden zusammengefegten Blätterstückchen von Klee usw. zu geben. Ganze Eicheln dürfen im Winter nicht fehlen, sie halten während der langen Nächte am besten vor. Bei langanhaltendem Schnee leistet der Schneepflug, der den Bodenbewuchs und damit trockene Kräuter und Sträucher freilegt, dem Fasan ebenso gute Dienste wie *allem* anderen Wild.

Ende März wird an den Fütterungen nochmals gezählt. Ist es ein zeitiges Frühjahr, muß dieses früher geschehen. Vor Ende der Schußzeit achte man darauf, daß auf sechs Hennen nicht mehr als ein Hahn kommt. Sonst werden noch einige mit der K.K. herausgeschossen, und zwar von hinten hoch in den Rücken. Der Hahn sinkt dann lautlos zusammen, wogegen er mit Kopfschuß noch minutenlang tanzt und alle anderen Fasanen beunruhigt.

Im ersten Jahr der Wildfasanerie ist es noch nicht sehr schlimm, wenn ein paar Hähne zuviel da sind. In den nächsten Jahren jedoch werden die nun älteren Hähne den jungen gegenüber recht unverträglich, so daß letztere auswandern. Jetzt ist es wichtig, das Verhältnis 1:6 möglichst zu erreichen. Dabei sind möglichst junge Hähne zu schießen. Immer wieder wird nämlich der Beitrag des Hahnes als streitbarer Wächter und Warner bei der Aufzucht in freier Wildbahn unterschätzt. Der alte Hahn ist leicht kenntlich an seinem „arroganten" Benehmen, an seinem langen Stoß und, wenn man es erkennen kann, an den wenig längeren, aber spitzeren Sporen. Die Länge des Sporns ist als Altersmerkmal nur im ersten Lebensherbst gültig, und zwar haben im ersten Herbst ihres Lebens die Hähne aller Rassen einen nur wenig ausgebildeten Sporn. Schon im Winter und nächsten Frühjahr ist der Sporn eines Versicolor spitzer und länger als der eines dreijährigen Mongolen. Eine Altersbestimmung ist daher nur bedingt und unter Berücksichtigung der Rasse möglich. Dem Jäger jedoch genügt es, daß er auf den Herbstjagden mit Sicherheit den diesjährigen Jungvogel erkennen kann. Wer eine Stunde lang junge und alte Hähne zusammen beobachtet hat, wird immer den alten Hahn mit Sicherheit erkennen.

Zuviel Hennen sind auch vom Übel. Lockt nirgendwo ein abgebissener Jüngling, so müssen sich die Hennen um die noch vorhandenen Hähne scharen. Eine einfache Überlegung sagt uns, daß somit die Hähne den Lebensraum des Besatzes bestimmen. Die Zusammenballung zu vieler Hennen um einen Hahn ergibt einmal das leidige Zusammenlegen in ein Nest, zum anderen aber, was viel gefährlicher ist, eine Überbeanspruchung des Bodens!

Dieser kann den Vögeln nicht mehr bieten, was sie brauchen. Er wird fasanenmüde. Jedoch in den ersten Jahren nach einem erstmaligen Aussetzen *Hähne ganz zu schonen, ist grundfalsch.*

In einem stark besetzten Fasanenrevier wird von Fall zu Fall auch ein Hennenabschuß vorgenommen werden müssen. Das Auseinanderkennen junger und alter Hennen ist aber nicht möglich. Die alte Henne hat zwar einen etwas längeren Stoß als die junge, aber dieses Merkmal ist zu unsicher. Leider ist auch das Merkmal der im ersten Jahr spitzen äußeren Schwungfeder, wie beim Rebhuhn, für den Fasan nicht zutreffend.

Nach der Jagd gibt es gutes Winterfutter, und zwar je nach der Landschaft so beschaffen, daß es etwas besser ist als das, was der Vogel draußen findet. Wenn den Druschabfällen wenig Weizen und Mais zugesetzt werden, so ist dieses schon erreicht. Im Frühjahr wird die Fütterung je nach der Entwicklung in der Natur verringert. Beginnen die Hennen mit Legen, so gehört die ganze Aufmerksamkeit des Berufsjägers der Rettung von Gelegen. Er wird von seinen 100 bis 200 Hennen so viel Eier bekommen, daß er in der Fasanerie keine mehr bestellen muß und seine Aufzucht- und Brutkästen, die nach Gebrauch gut gesäubert und gekalkt im Schuppen aufbewahrt wurden, trotzdem noch benutzen kann. In einem gut besetzten Fasanenrevier kann der Jäger gern bis 15. Mai frische Gelege sammeln, wenn er Eier braucht. Die Hennen machen ein Nachgelege, was dem Besatz im Revier keinen Abbruch tut.

Revierbezogene Kleinaufzucht von Fasanen

Ist das Revier entsprechend vorbereitet, so werden wir Fasanen aussetzen oder in einer kleinen Aufzucht uns die Fasanen selber heranziehen. Haben wir noch keine eigenen Fasanen im Revier, so müssen wir uns die ersten Eintagsküken von einer Fasanerie besorgen. Wir wählen den seinem äußeren Erscheinungsbild nach möglichst dem Ph. c. *colchicus* ähnelnden ringlosen Fasan.

Eintagsküken nähren sich noch aus dem Dotterinhalt und lassen sich daher bedenkenlos in den ersten 30 Stunden nach Abtrocknung transportieren. Wir werden aber jetzt die Kleinaufzucht so beschreiben, als könnten wir uns das Zuchtmaterial im Revier einfangen.

Warum dieses Zuchtmaterial aus dem Revier?

Frau Leidloff, Hahnstätten, Mitglied der Gesellschaft für Züchtungskunde, hat sich 50 Jahre mit Brut- und Aufzuchtfragen von Vögeln befaßt. Sie sagt, daß sich Brutlust und gute Muttereigenschaften vererben, was theoretisch bedeuten würde, daß auch durch jahrelange Kunstbrut die Brutlust nicht abnehmen dürfte. Sie gibt aber ebenfalls zu bedenken, daß durch die künstliche Aufzucht die natürliche Auslese ausgeschaltet wird, was im Laufe der Jahre ins Gewicht fallen muß. In freier Wildbahn bringt eine Henne, die ihr Nest unklug anlegt oder unzuverlässig brütet oder glücklos führt, kaum Nachzucht hoch. Dadurch wird die Verbreitung ihrer ungünstigen Eigenschaften unterbunden.

Zeitplan der Kleinaufzucht

In den letzten Tagen der winterlichen Jagdzeit werden die benötigten Vögel an einer zum Fang hergerichteten Schütte eingefangen. Transport im Sack (nicht mehr als vier). Anfassen des Einzelvogels, nachdem er mit Fischkescher gedeckt wurde, nur fest an beiden Ständern zugleich. Zwei Hähne und zwölf

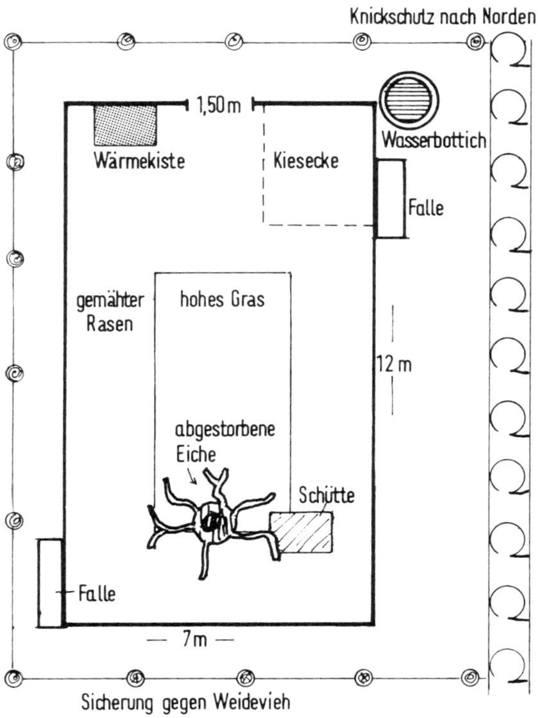

Abb. 6. Plan einer Voliere

Abb. 7. Voliere. Die Rohrbogen stehen auf eingelassenen Zementstützen, unten 1 m hoch wieseldichter Draht, Maschenweite 1,5 cm, 20 cm in den Boden eingelassen. Oben gut verzinkter Maschendraht, Weite 6 cm. Türbreite zum Hineinfahren mit Karre und Gerät und evtl. mit motorisiertem Rasenmäher

Hennen werden von den gefangenen Vögeln ausgesucht und kommen in die Voliere. Diese ist nach außen mit Sichtblenden verstellt, damit sich die Vögel nach innen konzentrieren und ruhig sind. Die Legestämme aus Wildfängen werden mit handelsüblichem Körnermischfutter (mit Muscheln und Garnelen) für Hühner gefüttert; dazu Rüben oder Äpfel.

Am 15. Februar wird die Voliere geteilt, und in jeden Teil kommen ein Hahn und sechs Hennen. Die Sichtblende zwischen den beiden Abteilungen ist 70 cm hoch. Von den ersten Eiern, die Anfang April fallen, werden die ersten drei nicht genommen und später auch jene nicht, die zu klein, zu groß oder schlecht in der Farbe sind.

Die Eier werden auf handelsüblichen Eiertabletts gesammelt, die man jeden Tag in eine andere Schräglage stellt, oder man legt die Eier auf Korn (Korn atmet) und wendet sie jeden 2. Tag, sie sind drei Wochen gut, wenn sie dunkel und kühl gelagert werden.

Wir sammelten im Jahr 1978 bis zum 20. April 180 gute Eier und gaben sie in eine erfahrene Brüterei (man kann auch bis 5. Mai absammeln). Am 16. Mai erhielten wir 120 kräftige Küken zurück. Da man bei Wildfängen mit nur 70%iger Befruchtung rechnen kann, waren wir zufrieden. Von diesen Küken kamen sechzig in die gezeigte Voliere und wurden ohne Verluste groß (Abgänge nur durch Unglücksfall beim Umsetzen der Kiste).

Die Legestämme wurden am 25. April zum Nachgelege in die Freiheit entlassen, die Voliere geharkt, mit Mischkalk gestreut und für die Aufzucht hergerichtet. Das Nest einer der freigelassenen Hennen im Gekräut an der Straße vor unserer Haustür enthielt am 11. Mai elf Eier, auf denen die Henne zur Brut schritt. Am 6. Juni sahen wir sie mit Küken auf der nahen Viehkoppel. Die Kontrolle des Nestes ergab neun geschlüpfte Küken. Ich erwähne dies deshalb, weil ich immer wieder für fasanenlose Reviere solche „abgelegten" Hennen empfehle.

Es ist für Ersteinbürgerung ein guter Weg, wenn diese Hennen aus Wildfängen stammen. Es sei hier aber auch die traurige Tatsache vermeldet, daß diese Henne samt ihren Küken am 12. Juni vom Kreiselmäher getötet wurde, der nach dem Umtrieb des Viehs die verbliebenen Disteln abmähte. Dieses neuerlich bei uns üblich gewordene Übermähen der Viehkoppeln mit dem Kreiselmäher mitten im Sommer kostet viele Hasen und Fasanen; mehr als das Spritzen der Disteln.

Am 1. Juni erhielten die am 16. Mai gekommenen Küken die ganze Voliere. Am 1. Juli wurde in der Voliere die Schütte gebaut. Die nächste Schütte im Revier steht in Sichtweite der Voliere. Nach der Ernte wird ihnen das Revier freigegeben mit der Möglichkeit, immer in die Voliere zurückzukommen. Am 15. September wird die Voliere gesperrt, mit Kalkstickstoff abgestreut und für die Legestämme des Winterfanges hergerichtet. Die Küken sind mit Hühnerringen markiert, damit wir sie nicht für die kommende Aufzucht wieder verwenden, denn wir wollen nur mit wildaufgewachsenen vermehren.

Abb. 8. Einfache Futternäpfe. Die Größe des Blumentopfes bestimmt die Breite des Futterrandes

Die eigentliche Aufzucht

Wenn die Voliere auf gutem Grasland steht, so ist die Wartung denkbar einfach und nimmt in der ersten Zeit dreimal täglich, später zweimal täglich, zehn Minuten in Anspruch. In der Mitte der Voliere bleibt eine Grasinsel stehen.

Es wird nur abgestandenes Wasser aus der Leitung oder aus einem gesunden Teich angeboten, ohne jeden Zusatz. So aufgezogene Vögel kennen keine Krankheiten und Unarten, wie etwa Federfressen. Wichtig ist die

Hudermöglichkeit vom ersten Tag an, damit sie keine Augenentzündung durch die Staubschuppen der Kükenfedern bekommen.

Die Küken kommen zunächst in eine geschlossene Kiste 100x60cm, 70cm hoch. Diese ist mit einem Deckel versehen und hat einen Ausgang von 20x20cm. In ihr stehen an einem Ende ein Wassernapf und Futter, am anderen, dem Ausgang abgekehrten, hängt die Rotlampe (von Osram-Sicca-Therm), 150 Watt, 25cm über dem Boden. Netzanschluß erfolgt mit langem Kabel.

Der Boden der Kiste ist mit Kies bestreut, der alle drei Tage erneuert wird. Die Küken erhalten ab vierten Tag Auslauf mit engem Vorgitter, das alle zwei Tage erweitert wird, bis sie nach zehn bis 14 Tagen (je nach Wetter) die ganze

Abb. 9. In die Wärme leiten. Das Führungsbrett bleibt vier Wochen, also auch, wenn schon die ganze Voliere freigegeben wurde

Abb. 10. Zuerst in der Voliere hinter dem engen Gitter, dann nach und nach mehr Freiraum, bis die ganze Voliere gegeben wird. Die Orientierungsplatte zwischen Eingang und Gitter lenkt sie in die Wärmekiste

Voliere als Auslauf bekommen. Wir erleichtern ihnen dabei das Wiederfinden ihrer Kiste (s. Abb. 9 u. 10).

Das Aufzuchtfutter für die ersten drei Wochen ist Putenstarter Normtyp 10,1 (wir beziehen vom Raiffeisen-Verband). Die kleinen harten Preßlinge werden in den ersten acht Tagen zerkleinert (durch den Wolf gedreht) gereicht. Von der dritten bis zur sechsten Woche gibt es zusätzlich Kükenalleinkorn der kleinen Körnung, ab sechste Woche dazu Haferflocken, Druschabfall und

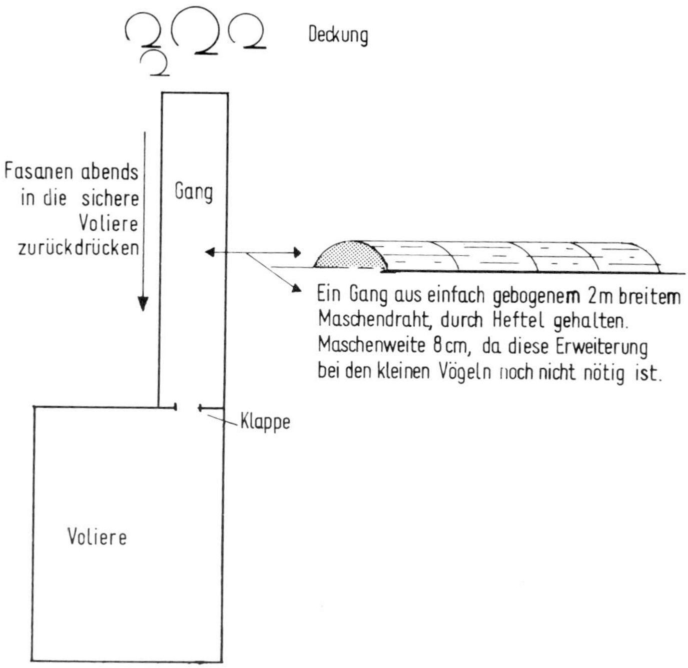

Abb. 11. Erweiterung: Volieren, die zu klein sind oder aus denen heraus Fasanen keine Revierübersicht gewinnen, lassen sich durch einfache Ausläufe erweitern. Diese kann man bis an die nächste Revierdeckung führen

normales Hühnermischfutter. Wohlgemerkt, zusammen angeboten, damit sie wählen können. Abgesetzt wird ab achte Woche das Putenstarterfutter. Die Küken müssen immer etwas feingehacktes Grün im Futter vorfinden (Schafgarbe, Salat, Nessel). Sie lernen das Äsen von Grün sonst zu spät. Wir mischen es in den ersten Tagen mit hartgekochtem Eigelb. Das muß nicht sein, tut ihnen aber gut.

Die Voliere kann auf einfache Art erweitert werden (s. Abb. 11). Ab zwölfte Woche gibt es Freilauf ins Gelände (wenn im Revier Fasanen im Bereich der Voliere vorhanden sind). Die Voliere bleibt Rückhalt bis zur 16. Woche (siehe Abb. 12). In der Freiheit besteht Bindung an die Schütten, die so aussehen wie in der Voliere und unter denen sie das gleiche Futter finden (Abb. 5 u. 6).

Wichtig: Von der ersten bis zur sechsten Woche geben wir zwei Kilo Mehlwürmer (z.B. von der Firma Carl Claus, 6703 Limburgerhof/Pfalz). Bei sechzig Vögeln lassen sie sich gut verteilen derart, daß jeder Vogel pro Tag von einer Handvoll Würmern seine zwei bis drei abbekommt.

Dieses unersetzliche Lebendeiweiß (der Fasan ist im ersten Vierteljahr seines Lebens Insektenfresser und daher einer der besten Schädlingsbekämpfer) kann man, je nach Lust und Geld, durch hartgekochte Eier ergänzen, die man, wie sie sind, mit Schale in der Hand zerquetscht und zerreibt und so über das Futter verteilt. In den ersten sechs Tagen nur das hartgekochte Eidotter, siehe oben.

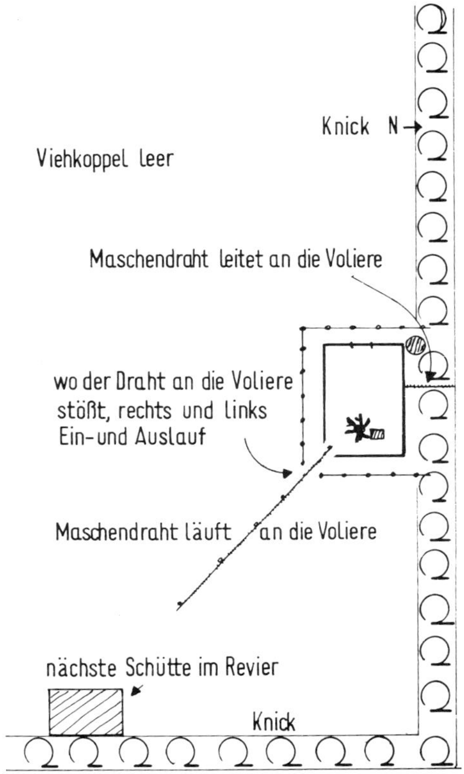

Abb. 12. Erste Freiheit

Die Kosten

Unsere Voliere ist zwölf Meter lang, sieben Meter breit und drei Meter hoch (12x6x2 Meter würde für 60 Vögel noch genügen). Sie kostet den Platz und ansonsten bei unserem Dorfschmied DM 2000,-, zumal wir beim Aufbau helfen. Kiste, Regenschutzreetmatten, Eimer, Wassernäpfe, Lampe und Kabel, alles zusammen rund 150,- DM.

Wie gesagt, geschah das Beschriebene im Jahr 1978 und jeder weiß, wie kalt und naß es von Mitte Juni bis Mitte Juli war. Die Ausgabe für die Volieren lohnt sich besonders, wenn einige benachbarte Reviere gleichermaßen verfahren.

Für 60 Vögel Aufzuchtfutter (1978):

Putenstarter 25 kg	23,- DM
Kükenalleinkorn 40 kg	28,- DM
Haferflocken (Futter) 10 kg	10,- DM
Körnermischfutter 10 kg	7,- DM
Mehlwürmer 2 kg (mit Versand)	50,- DM
Eier 50 Stück	15,- DM
Stromkosten	10,- DM
	143,- DM

Ein Zwischending zwischen Großaufzucht und Kleinaufzucht läßt sich mit Hilfe der in der Großaufzucht beschriebenen stromunabhängigen Gasstrahler erreichen.

In ein Aufzuchthaus (1 x 1,50 m) lassen sich 150 Eintagsküken einsetzen. Das Aufzuchthaus hat vorne Holztrallen, durch die die Glucke, wie in der Wildfasanerie beschrieben, den Kopf stecken und locken kann. Eine weitere Funktion hat die Glucke auch nicht bei dieser Art des Aussetzens ins Revier. Sie soll lediglich warnen und locken, denn für Wärme sorgt die Gaslampe.

Besonders bewährt hat sich diese Art des Auswilderns in der Fasanenkammer (s. unten). Schon nach 3–5 Tagen wird das kleine Vorgatter abgeräumt, und die Küken laufen frei auf der Aufzuchtwiese, wie in der Wildfasanerie beschrieben, nur sind es hier nicht ein erbrütetes Gesperre, sondern 100 bis 150 Eintagsküken aus der Fasanerie, die dann alle auf die Signale der Glucke reagieren. Sicherheit! Sicherheit!

Die Fasanenkammer

Eine wenig gebräuchliche Art, Fasanen in einem Revier einzubürgern oder eine dauernde Quelle neueinstreichender Fasanen zu schaffen, ist die *Fasanenkammer.* Hierfür wird ein Stück Gelände raubwild- und raubzeugsicher eingegattert, und in ihm werden gestutzte Fasanen gehalten. Diese sollen hier ungestört Nachkommen ziehen, die die Kammer jeweils, sobald sie flugfähig sind, verlassen und das Revier bevölkern. Die Fasanenkammer muß einige nicht zu hohe, aber zum Aufbaumen geeignete Bäume, ein Stück frische, grüne Wiese und ein Stück Bach- oder Grabenlauf oder einen kleinen, nicht austrocknenden Tümpel aufweisen. Möglichst soll eine sandige Ecke nicht fehlen. Haben wir ein solches Gelände auf engem Raum nicht zur Verfügung, müssen wir es schaffen. Ein Stück Wiese kann man ansäen, auch einen Teich, der Wasser enthält, graben und mit einigen Fuhren trockener Erde eine Hudergelegenheit schaffen. Wenn wir nur etwas von dem benötigten Gelände zur Verfügung haben, läßt sich die Fasanenkammer mit etwas gutem Willen schon herrichten (s. Abb. 13). Das Ganze wird mit einem 2 m hohen Drahtzaun eingezäunt, der fest sein muß, denn er soll wenigstens 10 Jahre halten. Akazienpfähle, unten geteert oder angebrannt, sind am haltbarsten. Nehmen wir dazu Maschinengeflecht, so müssen wir untenherum 1 m hoch noch gesondert wieseldichten Draht ziehen. Mißerfolge mit Fasanenkammern, die mir gemeldet wurden, habe ich, wenn irgend möglich, besichtigt. Ich muß sagen: Was dabei mancher Jägersmann den Fasanen als eingefriedigte Dauerkammer angeboten hat, war einfach unfaßbar. Das Tollste was ich sah, war ein Steinbruch mit einem Wasserloch und ca. 1000 m² Grün. Die Kammer muß natürlich nahrhaft und groß genug sein (s. S. 00).

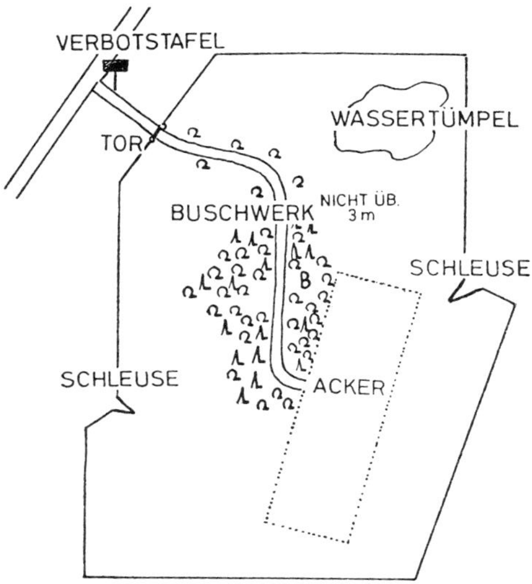

Abb. 13. Fasanenkammer mit Schleuse

Der Draht wird so weit in den Boden gelassen, wie es nach den Revierverhältnissen nötig erscheint. In einem Kaninchenrevier wenigstens 40 cm, in allen anderen Revieren wird es genügen, ihn 30 cm einzulassen. Bevor der Graben, in den wir den Draht einlassen, wieder zugeworfen wird, ziehen wir noch rundherum einen Stacheldraht, der 10 cm im Boden liegt, und einen zweiten Stacheldraht, der mit dem Boden abschneidet (s. Abb. 14). Das verleidet auch Dachs und Sauen Durchbruchversuche. Geht ein kleines Wässerchen durch die Fasanenkammer, müssen natürlich Ein- und Ausfluß mit Draht abgedichtet werden. Diese Stellen sind des öfteren zu säubern, damit sie nicht verstopfen und der dadurch entstehende Wasserdruck nicht den Draht zerreißt. Der 2 m hohe Zaun muß so um das gewählte Gelände herumgelegt werden, daß das höhere Holz, das in dieser Kammer steht, überall wenigstens 15 m vom Zaun entfernt ist. Es ist weiter zu empfehlen, dieses bis auf die Höhe von 3 m zu kappen oder das höhere ganz herauszunehmen, damit die gestutzten Fasanen, die aufbaumen, nicht über den Zaun hinausflattern. Die Umzäunung bekommt ein Tor, durch das man mit Ackerwagen hindurchfahren kann. Rund um die Kammer am Zaun entlang führt ein Streifen, der festgetreten und immer unkrautfrei sein muß. Hier werden die Fallen in Zwangswechseln eingebaut. Überklettern des Zaunes durch die Marderarten kann heute leicht durch den Elektrozaun verhindert werden. Der stromführende Draht wird dann in 1 m Höhe, in der keine Ableitungsgefahr durch Graswuchs mehr besteht, also an der Oberkante des engmaschigen Geflechtes, angebracht. Die ganze Anlage für einen Elektrozaun ist außerordentlich billig, auch der Strom kostet sehr wenig.

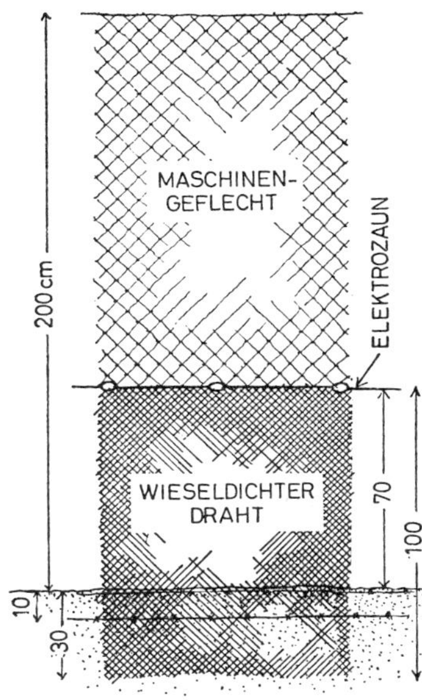

Abb. 14. Schema des Schutzzaunes

Die Kammer soll nie unnötig besucht werden, denn die Fasanen dürfen sich nicht an den Heger gewöhnen, weil sie sonst Dieben schnell zum Opfer fallen würden. Die Diebstahls- und Zerstörungsgefahr ist das, was eine solche Kammer in den meisten Revieren verbietet oder sie in die Nähe eines Gehöfes zwingt. Wo eine solche Einrichtung aber angelegt werden kann, wird sie den Revierinhaber bald reichlich belohnen.

Eine andere große Schwierigkeit der Fasanenkammer ist die, daß die Jungvögel, wenn sie erst beflogen sind, sehr bald die Kammer verlassen und dann nicht zurückgelangen können. Dabei werden sie sehr bald geschlagen oder gerissen. In dieser Zeit muß man täglich die an der Außenseite stehenden Fallen nachsehen und die in die *Schleuse* gelaufenen Fasanen wieder einlassen. Diese Schleuse ist kein Einsprung, da durch einen solchen ja alles Getier in die Kammer gelangen könnte, und in der Kammer darf außer den Fasanen kein anderes Wild sein. Eine Schleuse ist eine an den beiden längsten Seiten der Kammer eingebaute reusenartige Einbuchtung, die durch einen Schieber geschlossen wird, der sich auch von außen öffnen läßt. Sieht man, daß Jungfasanen an der Außenwand umherirren, so wird der Schieber geöffnet,

Abb. 15. Die Fasanerie Wolmersdorf wurde 1954 mit 7 ha Umland als Fasanenkammer angelegt. Das Kammergelände (Gatter) lieferte bis 1969 jährlich 200–300 Wildfanghennen für die Legeboxen

und die Vögel werden langsam in die Reuse gedrückt, durch die sie einlaufen können. Ist die Kammer ohne Besatz, sind die Schleusen als Durchlaßfallen zu benutzen.

Die nächst größere Gefahr für Fasanen in der Kammer sind die Greifvögel, denn die Kammer ist ja oben offen. Das Wichtigste ist, das Holz in der Kammer nicht höher als 3 m werden zu lassen. Damit haben wir vielen Greifvögeln das Rauben schon recht verleidet. Die auf einen Pfahl montierte Spiegelkugel ist die beste Abwehr. Wenigstens drei davon werden geländegünstig verteilt. Sie können bezogen werden von der Leuchtenglashütte Marsberg, Postfach 63, Marsberg 1. Seit der gänzlichen Schonung ist der Habicht allerdings so häufig und hungrig, daß er sein Spiegelbild in der Kugel mißachtet.

Für Menschen wird man die Kammer am besten in der ganzen Gegend als „Düngungsversuch oder Anbauversuch irgendwelcher Pflanzen usw...“ tarnen und das Betreten durch Tafeln untersagen.

Je nach Platz werden wir in der Kammer Wintergrün, vor allem Rosenkohl und Insektenfänger, also Buchweizen, Rhabarberstauden und Fasanenspiräen anbauen. Unter den breiten Rhabarberblättern, die schon zeitig im Frühjahr entwickelt sind, sammeln sich bei feuchtem Wetter gerne allerlei Insekten. Immer wieder beobachtet man, wie die Jungfasanen bei Regen diese Schutzdächer aufsuchen, nicht um selbst trocken zu bleiben, sondern um die ihnen bequem erreichbaren Insekten zu äsen.

Ist die Kammer im März bis auf die Bestellung des Ackers fertig und soll sie besetzt werden, so geschieht dies bei einer Kammergröße von 4 Morgen (1 ha) mit drei Hähnen und 15 Hennen. Die Vögel sollen die Kammer später wieder verlassen können, deshalb werden sie einseitig gestutzt (nicht bis in die Blutkiele schneiden!) oder geklammert. Es wird aber nur ein Hahn geklammert oder gestutzt, zwei bleiben ungestutzt.

Hat man keine Fasanen, muß man sie natürlich kaufen. Später fängt man jeweils im Winter an der Fütterung im Fang Hähne und Hennen (s. Abb. 16).

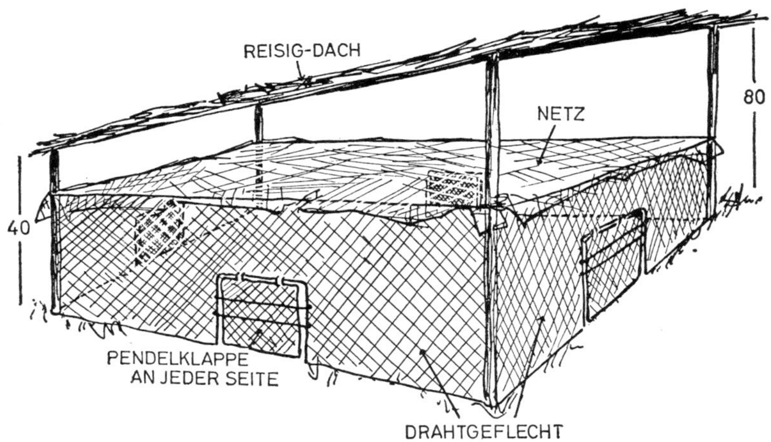

Abb. 16. Fasanenfang

Ein Hahn bleibt in einer einfachen Voliere bis Mitte Juni als Reserve. In der Kammer sind die Vögel sich selbst überlassen, und es ist nur für die Bestellung des vorgesehenen Ackers mit Kohl, Hirse, Buchweizen und Topinambur (s. S. 000) zu sorgen. Sind außerhalb der Kammer im Revier Fasanen vorhanden, so können Hähne einfliegen. Sie wird dann nur mit gestutzten Hennen besetzt.

In einer 4 Morgen großen Kammer können im günstigsten Falle 5 Gesperre gut ernährt werden, bis die Jungvögel sich durch Überfliegen des Gatters weitere Nahrung im Revier suchen. Da wir mehr Gesperre haben, helfen wir mit Weichfutter nach, wenn wir gemerkt haben oder wenigstens annehmen müssen, daß die Gesperre etwa 8 Tage alt sind. Innerhalb der Kammer haben wir uns einen Futterweg angelegt, der auf keinen Fall von außen eingesehen werden darf. Hier haben wir, schon vom Tage des Besetzens an, im Breitwurf Körner gefüttert. Auf diesem Futterweg werden in Abständen von wenigstens 10 m vier Futterplätze hergerichtet. Wir nehmen dazu Alleinkorn in Dauerfütterern, am besten Putenstarter. Den Fütterer stellen wir auf feste Unterlage und füttern einige Tage rundum ein Körnerfutter mit Garnelen und Putenstarter gemischt, bis die Hennen die Futterstelle angenommen haben. Dann nur noch aus dem sauberen Fütterer. Viele Gesperre – viele Futterstellen, weil manche Hennen unleidlich sind. Am besten ist es, wenn diese Futterbretter jeweils unter einer der vorher beschriebenen Schütten stehen. Wer hier Weichfutter füttert, sollte die in Abb. 17 gezeigten Futterroste benutzen.

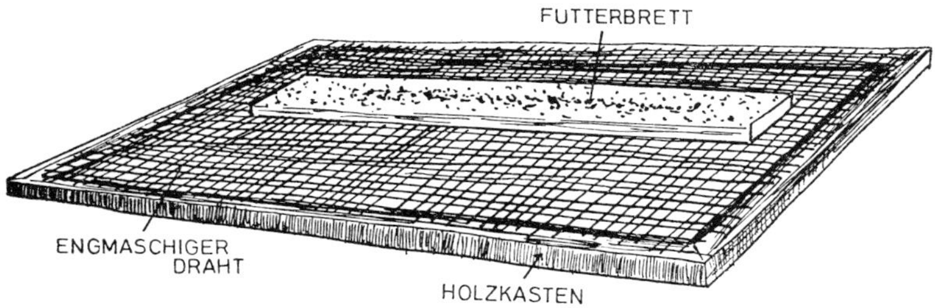

Abb. 17. Futterbrett auf Drahtrost. Wird mit besonders zubereitetem Fasanenweichfutter gefüttert, so ist diese Art des Fütterns vorzuziehen. Das verstreute Futter ist nicht mehr erreichbar

Man sollte alles tun, um in der Kammer möglichst viel natürliche Äsung zu schaffen. Dort wird nur mit *Stallmist* gedüngt, um das Insektenleben zu fördern. Mancher Kunstdünger stört das Insektenleben. Wird das gebotene Weichfutter nicht angenommen und machen die Küken trotzdem einen gesunden Eindruck, so ist die Kammer gut angelegt. Selbstverständlich müssen laufend alle Fallen und Fangvorrichtungen kontrolliert werden. Außerdem ist in der ersten Zeit genau zu beobachten, ob der Hahn noch vorhanden ist.

Eine gepflegte Kammer ist auch für die freifliegenden Fasanen ein immer gern gesuchter Aufenthaltsort, so daß die Kammer meist schon im 3. Jahr nicht mehr vom Revierbesitzer mit Fasanen besetzt zu werden braucht, denn es brüten wahrscheinlich mehr darin als im lieb ist. Sind einmal zuviel Hennen mit ihren Gesperren in der Kammer vorhanden, so muß man mit ein oder zwei Gehilfen ein oder mehrere Gesperre aus der Kammer hinausdrücken, was am besten in den Vormittagsstunden gelingt. Mit einer guten Kammer im Revier hat der Revierinhaber immer die Gewißheit, daß er wenigstens einen Teil der Gesperre hochbekommt. Daneben fängt er an dieser Anlage aus den umliegenden 200 ha das Raubzeug und auch das Raubwild.

Rettung der ausgemähten Fasanengelege

Der ernsthafte Beobachter wird sich sagen, daß bei der Wahl des Nistplatzes durch die Fasanenhenne sicherlich Dinge mitspielen, die wir nicht erfassen. Nach meinen Beobachtungen liegt das Nest im Bereiche des *vom Hahn bestimmten Lebensraumes.* Es liegt im allgemeinen kühl, aber nicht in Frostlöchern und in Zugluft. Die Henne sitzt so, daß ihre Deckfarbe zur Geltung kommt. Eine still im Schatten sitzende Henne ist auch für geübte Augen nur schwer zu erkennen. Erscheint es uns dumm, wenn eine Henne offen und „unvorsichtig" brütet, weil dicht daneben beste Deckung vorhanden ist, so wird eine weitere Untersuchung ergeben, daß etwas an dieser „besten Deckung" nicht stimmt. Vielleicht führt ein Raubwildpaß hindurch, oder der Wind küselt gerade hier so, daß er die Witterung aus der Deckung dauernd umherstreut.

Die Wahl des Nestes erfolgt schon in der ersten Hälfte des April, denn die Eiablage ist in normalen Fällen am 10. Mai beendet. Die Henne wird also dorthin gehen, wo um diese Zeit schon Deckung vorhanden ist, oder richtiger gesagt, wo um diese Zeit noch Deckung aus dem Vorjahre steht (z. B. Heckenränder, ungemähte Grabenkanten, niedrig bebuschte Ränder der Feldgehölze, Beerenunterwuchs, stehengebliebenes Schilf oder Gras usw.). Alle nassen Stellen werden jedoch gemieden. Erst wenn von allem Vorgenannten nicht das Geeignete vorhanden ist, wird sich die Henne nach Felddeckung umsehen, die sie in Wiesen und Grünfutterschlägen findet. *Diese Futterschläge sind ihr nicht so sympathisch wie meist angenommen wird und wie es bei den Rebhühnern der Fall ist.* Da aber die im Frühjahr schon hochstehenden Futterschläge meist die einzige Deckung sind, ist sie gezwungen, hierher zu gehen. Das erste Gelege ist in einem normalen Jahr am 10. Mai vollzählig, und bei der Stallfütterung ist es üblich, daß schon Anfang Mai die Futterschläge gemäht werden. Außerdem gehen manche Bauern dazu über, auch das Gras immer zeitiger zu mähen und zu silieren, so daß sogar in den Wiesen die Gelege gefährdet sind.

Die Rettungsmaßnahmen für die Gelege dürfen also nicht erst im Frühjahr, wenn die Hennen auf den Eiern sitzen, beginnen, sondern müssen schon im Herbst bedacht werden. Das wichtigste hierfür ist das Schaffen sicherer Brutmöglichkeiten, wie Gestrüpp und stehengebliebenes Kraut oder Gras des Vorjahres an allen Ecken und Enden, wo nur einigermaßen Platz dafür vorhanden ist. Dazu gehört das Stehenlassen jeder nur irgend möglichen Deckung, wozu alles gehört, was über die Anlage von Remisen usw. schon gesagt wurde. Dann gehört zur Rettung der Gelege vor allen Dingen, daß der Heger im Frühjahr alle gefährdeten Flächen durchgeht und absucht, von denen er annehmen muß, daß seine Fasanen hier gestört werden. Das sind: Grünfutterschläge, Koppeln, auf die in den nächsten Tagen das Vieh getrieben wird, Wiesen, die gemäht werden, bevor die Küken schlüpfen, oder durch Spaziergänger und Kinder gefährdete Plätze. Hier muß er die Gelege wegnehmen und das Nest zerstören. Er muß es vielleicht wiederholen, um die Vögel zu zwingen, irgendwo anders zu legen. Das ist jedenfalls besser, als das Gelege erst zur Bebrütung kommen zu lassen und es später retten zu wollen. Eine Henne, der vom Heger zweimal das halbfertige Gelege weggenommen und das Nest zerstört wurde, wird trotzdem an einer anderen Stelle noch ein neues Nest anlegen und ihr Gelege vollenden. Ein besonderer Vorteil dieses Wildes ist es, daß es bis weit in den Juli hinein verlorene Gelege ersetzt. Das Rebhuhn tut das leider nicht.

Der häufige Wunsch der Fasanenheger, möglichst *frühlegende Fasanen* zu bekommen, ist ein etwas zweischneidiges Schwert. Gewiß, wenige Tage einer früheren Nestwahl können den Fasan aus Wiese und Grünfutterschlag heraushalten. Wenn wir jedoch Fasanen hätten, die am 15. April mit der Brut begännen, so fiele die Schlupf der Küken in die Zeit der Eisheiligen und wäre unter Umständen weniger durch Erfrieren als durch die Insektenarmut dieser Tage verloren. Die Fasanen so weit zu bringen, daß das Gelege schon am 15. April vollzählig wäre, halte ich zudem für ausgeschlossen. Da uns die Vorverlegung dieser großen Spanne Zeit aber nicht gelingen wird, ist eine Arbeit in diese Richtung nicht so wichtig, wie sie oft hingestellt wird. Zudem würden die Krähen und Elstern in der deckungslosen Zeit die meisten Gelege ausnehmen. Das ist bei Fasanen übrigens nicht so schlimm wie beim Rebhuhn, da sie ja immer nachlegen. Zweitgelege, die sehr spät und daher in einer wärmeren Jahreszeit schlüpfen, erbringen oft mehr Fasanen als die allerfrühesten *Erstgelege*, und die Jungvögel sind zur Jagdzeit durchaus reif.

Die Eier, die der Heger im Frühjahr aus fertigen Gelegen einsammelt, um die gefährdet gelegenen Nester zu zerstören, werden mit nach Hause genommen und kühl gelagert, denn sie sind frisch und können unbedenklich eine Zeit liegen. Der Transport dieser bisher unbebrüteten Eier ist ebenfalls nicht allzu gefährlich. Der Fasanenheger, der speziell auf diese Sache geeicht ist, wird immer etwas bei sich haben, in dem er die Eier bruchsicher nach Hause bringen kann, und sei es nur ein Karton mit den heute üblichen kleinen Kästchen zum Eiertransport. Im Stall oder Keller, wo es recht kühl und luftig ist, hat er einen Eiertisch, der 5 cm hoch mit Weizen bedeckt ist. Sollen die Eier länger lagern, muß das normal liegende Ei täglich gewendet werden.

Gelege mit zwölf und mehr Eiern müssen als angebrütet betrachtet werden. Findet man ein solches, das sehr gefährdet erscheint, so wird man etwas abseits ein Ei öffnen, um zu sehen, wie weit es angebrütet ist. Sind es erst einige Tage, so nimmt man es mit. Ist es schon mehr als 10 Tage bebrütet, d.h., das Küken ist schon in seinen Anfangsformen zu erkennen, so läßt man es besser, wo es ist. Ein Verwittern mit verstänkerten Lappen usw. kann ich nicht empfehlen, denn Katzen lassen sich durch solche Dinge nicht abhalten. Gute Aufsicht im Revier in den jetzt hellen Nächten ist der beste Schutz.

Die gefährdetsten Schläge des Reviers kennen wir bald, und wir werden uns nach dem Termin des Mähens erkundigen. Eine lange erprobte Möglichkeit, die Gelege sicher zu finden, ist die *„Klingelschnur"*. D.h. eine nicht mehr als 30 m lange Schnur, von der alle 30 cm eine 20 cm lange Schnur herabhängt, an der eine kleine runde Klingel, wie sie an Spielzeug üblich ist, befestigt wird. Zwei Mann ziehen diese Schnur nun zwischen sich über die Wiese, so daß sie die Halme streift, und daß die Schnürchen mit den Glöckchen zwischen den Halmen gleiten.

Habe ich hierbei, kurz bevor der Schlag gemäht wird, noch ein Gelege gefunden, so öffne ich ein Ei des Geleges. Sehe ich, daß es kurz vor dem Schlüpfen steht oder sind vielleicht einige Eier angepickt, so versuche ich auf jeden Fall zu erreichen, daß der Schlag ein oder zwei Tage später gemäht wird. Ist dieses nicht möglich, so bitte ich, um das markierte Nest einen Streifen Gras stehen zu lassen, *aber nur bei hochbebrüteten Eiern.* Diesen Streifen schütze ich die noch benötigten zwei Tage, indem ich ihn mit Petroleum umgieße. Ich kann auch einen alten Wagenreifen ums Nest legen. Der Transport von Petroleum ist aber einfacher als der des Wagenreifens. Gegen Feinde von oben, also Krähen, stecke ich schräge in den Boden eine Weidenrute, an der oben ein Korken hängt, der an zwei Seiten mit je zwei Schwung- oder Stoßfedern der Krähe besteckt wird. Nehme ich statt eines gewöhnlichen Korkens einen billig zu habenden Leuchtkorken, wie ihn die Angler des Nachts benutzen, so habe ich gleichzeitig einen ganz guten Schutz für dunkle Nächte. Das Gebilde an der Weidenrute darf der brütenden Henne natürlich nicht gerade über dem Schnabel baumeln. Diese Maßnahmen helfen in der Regel für wenige Tage, und dann sind die Nestflüchter ausgelaufen.

Handelt es sich um ein Gelege, das noch längere Zeit braucht, so muß ich es nach Hause transportieren und dort weiter behandeln. Wir kommen damit zur eigentlichen *Rettung der Gelege.* Alle Bauern des Reviers müssen Bescheid wissen, daß der Revierinhaber größten Wert darauf legt, die Eier von freigemähten Nestern zu bekommen. Man kann gerne eine Belohnung für dieses Gelege aussetzen, sie darf aber nicht allzu hoch sein. Um sicher zu sein, daß die Melder nicht etwa ungefährdete Gelege auf die Mähfläche bringen, um diese Belohnung zu bekommen, muß man von vornherein allen, die in Betracht kommen, sagen: „Bitte, meldet mir die ausgemähten Gelege, aber laßt sie liegen, faßt sie nicht an!“ Dann bin ich sicher, daß ich das Gelege auch dort finde, wo es ausgemäht wurde. Dann weiß ich auch, wann das Gras dort gemäht wurde, und sehe an der Frische des Schnittes, wie lange die Eier kühl liegen. Bringt man mir die Gelege ins Haus, so weiß ich das nicht.

Gleichzeitig sollte man den Bauern sagen, daß es gar nicht schadet, wenn die morgens ausgemähten Gelege erst abends gemeldet werden; nur möchten

Abb. 18. Nest aus frischem Gras für jedes einzelne Ei mit der Hand gedreht. Diese Nester in den Korb legen

sie während des Tages etwas Gras über die Eier decken, damit die Sonne nicht daraufscheint. Dann muß man allerdings noch am selben Abend das Gelege holen, und zwar in einem Körbchen. Beim Radfahren kann man mit der frei herabhängenden Hand am besten alle Stöße ausgleichen. Hole ich das Gelege mit dem Wagen, ist es dort stoßsicher zu lagern. Jeder Stoß ist für ein lebendes Gelege schlimmer als einmal auszukühlen.

Draußen am Gelege, das der Bauer hoffentlich markiert hat, forme ich für jedes Ei gesondert ein kleines Nestchen aus frischem Gras. Zu Hause wird sofort untersucht, wie weit die Bebrütung vorangeschritten ist. Die einzige richtige Untersuchung ist immer, ein Ei zu öffnen. Wenn ich dabei im Ei keine Bewegung entdecke, werde ich trotzdem das Gelege einer Glucke unterlegen, denn nicht immer, wenn die Eier tot erscheinen, sind sie es wirklich. Drei Tage, nachdem ich die Glucke gesetzt habe, muß ich bei zweifelhaften Gelegen ein Ei durchleuchten, um festzustellen, ob es lebt. Wo Strom vorhanden ist, wird man heute eine der kleinen Kunstglucken oder Minibrutapparate nehmen, die ausgezeichnet arbeiten.

Habe ich viele Fasanen im Revier oder habe ich gar eine Wildfasanerie, so ist es selbstverständlich, daß ich in dieser Frühjahrszeit einige Glucken auf Hühnereiern oder sonstigen Probeeiern sitzen habe, und daß die Kleinbrüter bereitstehen.

Ist eine Geflügelfarm in der Nähe, so kann ich auch dort die Eier zum Schlüpfen bringen lassen, denn wenn sie erst den 18. bis 20. Tag erreicht haben, geht die Schlupf im Brutapparat meist ohne jede Schwierigkeit vonstatten (siehe Seite 58).

Habe ich kein gut besetztes Fasanenrevier, so ist mir jedes Gelege doppelt wertvoll. Es lohnt sich immer, wenn der Revierbetreuer einige gutbrütende Hühner oder die nötigen Kleinapparate in weiser Voraussicht in Vorrat hat. Da auch Rebhuhngelege anfallen können, sollte man nach Möglichkeit Zwerghühner wählen, die bekanntlich besser brüten und führen. Habe ich gar nichts zur Verfügung und komme am Abend mit dem kühlen Gelege nach Hause, so muß ich es warm stellen. *Das ganze Gelege bleibt in den Grastüten im Korb,* und ich hänge eine elektrische Birne so darüber, daß ich eine wohlige Wärme verspüre, wenn ich die Hand auf die Grastüten lege. Befindet sich die Birne zu nahe über den Eiern, hänge ich zwischen Birne und Gelege ein Tuch, das beides nicht berührt. Da die Grastüte locker ist, läßt sie genug Luft durch, und das frische Gras sorgt für entsprechende Feuchtigkeit. Die Eier dürfen aber nicht feucht beschlagen. Dieses ist eine gute Behelfsmöglichkeit, dem Gelege so lange die benötigte Wärme zu geben, bis ich eine Glucke gefunden habe. *Niemals darf man die Eier zu warm legen!*

Habe ich eine Glucke, baue ich ein Nest, wie sie es an ihrem früheren Platz gewohnt war, auch wenn es ein gewöhnliches Stallnest ist. Ich habe Mißerfolge erlebt, wenn ich stallgewohnte Glucken ohne Übergang im Garten auf natürliche Unterlage setzte. Ist das Gelege hoch angebrütet, so schadet es nicht, wenn ich es der Glucke in einem Stallnest unterschiebe. Ich muß nur unten in das Stallnest eine Grassode legen und abends einmal einen Mund voll *lauwarmes* (körperwarmes!) Wasser darübersprühen.

Ist das Gelege kaum oder noch gar nicht angebrütet, werde ich alles versuchen, eine Glucke auf ein Gartennest zu gewöhnen. Ist der Garten gut und sicher, kann ich unter einem Stachelbeer- oder sonst einem Busch eine kleine Mulde scharren, mit wenig Heu auspolstern und da hinein das Gelege betten und die Glucke setzen. Hierzu sind die Zwerghuhnrassen am besten geeignet. Sitzt sie nicht, so stülpe ich ihr in den ersten Tagen einen Korb über, den ich nur abnehme, wenn sie fressen und trinken soll. Habe ich nur ein oder zwei Gelege im Garten und ist dieser groß und vor allem sicher genug

(Katzen), kann ich, wenn die Küken geschlüpft sind, diese im Garten laufen lassen. Die Glucke wird, wo sie vorher gefüttert wurde, weiter versorgt, und ich gebe an der Stelle, an der die Glucke ihr Futter bekommt, auch das Fasanenkükenfutter.

Sind die Eier gepickt, stelle ich einen halben Meter entfernt um den Nistplatz herum engmaschigen Draht, und zwar nur provisorisch, da er nach vier Tagen wieder verschwindet. Er soll nur in den ersten Tagen die Küken bei der Glucke halten. Sind alle Küken trocken, so säubere ich das alte Nest und werfe auf den Nistplatz ein paar Schaufeln Sand. Dann lege ich in die eine Ecke des vom Draht umgebenen Platzes etwas Heu, das die Henne bald als Nest annehmen wird. Habe ich mir für dieses eine Gelege einen Aufzuchtkasten gebaut, in dem ich brüten ließ, so wird dieser weitergerückt, wie in der Wildfasanerie (s. S. 78) beschrieben. Die Fütterung der Jungfasanen geschieht nach den gleichen Grundsätzen, wie sie auf Seite 29 bis 32 erläutert wurden. Am fünften Tage bekommen Glucke und Küken die Freiheit im Garten, vorausgesetzt, daß dieser wirklich sicher ist. Dabei ist zu bedenken, daß die Glucke gerne scharrt (was die Fasanen nicht tun) und im Garten Schaden anrichten kann. Ist der Garten ungeeignet, ist es besser, ich baue einen Aufzuchtkasten (s. Abb. 36), in dem die Glucke verbleibt und der im Garten täglich umgesetzt wird. Ein Garten, der ein Gesperre ernähren kann, muß schon recht vielgestaltig und wenigstens einen Morgen groß sein. Es empfiehlt sich in jedem Falle, die im Kapitel „Fütterung und Aufzucht der Jungfasanen" beschriebenen Futtermischungen zu verwenden, auch wenn man annimmt, daß die Vögel sie nicht brauchen. Wir sehen ja, ob sie angenommen werden oder nicht.

Wenn nun die Küken aus diesem Garten in das angrenzende Revier verwildern können, so ist ein voller Erfolg sicher. Die Vögel werden sich bei Gefahr in den sicheren Garten zurückziehen, so daß ich im ersten gefährlichen Winter keine Sorge habe.

Ich lasse die Vögel so lange es geht im Hausgarten, aber mit sechs Wochen werden sie die Henne nur noch selten benötigen, sie baumen schon niedrig auf. Kann ich sie im Garten nicht behalten, so ist der Zeitpunkt des Aussetzens gekommen. Haben wir die Glucke und die Küken im Garten mit einem Kescher gefangen, so kommen Glucke und Küken in je einen Sack. Können wir sie mit dem Kescher nicht fangen, so bauen wir uns ein kleines Fanggerät (s. Abb. 16).

Ins Revier nehme ich einen Weidenkorb ohne Bügel und eine 20 m lange, starke Schnur mit. An dem Platz, den ich zum Aussetzen vorgesehen habe, stelle ich den umgedrehten Korb unter einen Baum, der in etwa 1,50 m Höhe einen kräftigen Ast hat. Über diesen Ast leite ich die Schnur, die am Boden des umgedrehten Korbes befestigt ist und durch Zug den Korb gleichmäßig anhebt. Das andere Ende der Schnur führe ich in eine etwas abseits liegende Deckung. Nun wird die Henne aus dem Sack unter den Korb gesteckt, und

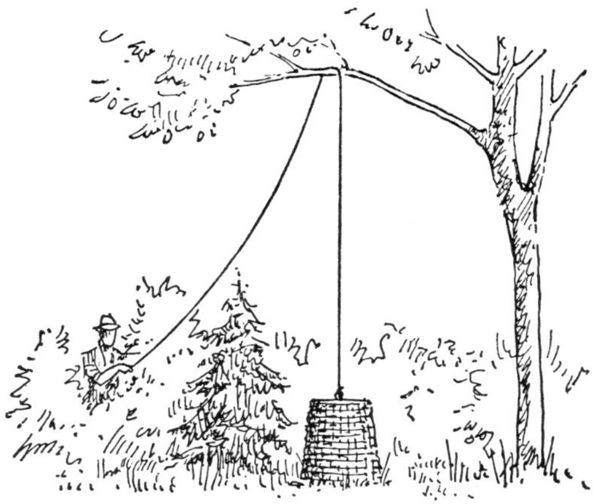

Abb. 19. So wird das Gesperre freigelassen

danach folgen einzeln die Fasanen, die man nur an beiden Ständern zugleich anfassen darf. Eine halbe Stunde warte ich in der Deckung, bis die Gesellschaft sich beruhigt hat. Dann ziehe ich die Schnur und hebe so, ohne selbst in Erscheinung zu treten, den Korb gleichmäßig an, bis die Henne frei sitzt. Hierbei laufen die Küken nur wenige Schritte, sehen keine Störung und bleiben bei der lockenden Henne.

Diese Art des Aussetzens scheint mir nach vielen Versuchen die beste zu sein. Wir dürfen nicht die gleiche Methode wie beim Aussetzen erwachsener Fasanen oder Jungfasanen allein anwenden, da Fasanen und Glucke verschieden reagieren, und da man beiden gleichzeitig ohne Störung die Freiheit geben muß. Bei der normalen Art des Aussetzens kann es Stunden dauern, bis ein Vogel dem anderen aus dem Behälter hinaus folgt. Schütten wir sie aber unvorsichtig in die Natur, ist es fraglich, ob die Henne sie wieder zusammenlocken kann.

Die Henne hat sich durch die Wochen im Garten meist schon angewöhnt aufzubaumen, zumindest seit ihre Pfleglinge es tun. So ist sie schon etwas auf die freie Wildbahn vorbereitet, und wir sind zufrieden, wenn sie dem Gesperre 14 Tage erhalten bleibt, denn dann ist die kritische Zeit überbrückt. Es wird nur selten Reviere geben, in denen das Haushuhn drei Wochen und länger am

Leben bleibt. Tut es das aber tatsächlich, so sollten wir alles versuchen, es wiederzubekommen und für spätere Jahre zu erhalten.

Hat man wenig Fasanen im Revier, und die Vögel sind daher doppelt wertvoll, so ist es besser, man überwintert die Fasanen im Garten, in dem sie gezogen wurden. Dazu baut man eine kleine Überwinterungsvoliere aus Maschinengeflecht 50x50mm, 1,50m hoch und deckt sie oben mit dem gleichen Geflecht ab. Etwa 20cm entfernt zieht man um die Voliere ein zweites 60cm hohes wieseldichtes Geflecht, zwischen beides setzen wir die Kastenfalle. Für jeden Fasan rechnet man 4 qm Volierenraum. Das Gesperre bleibt so lange wie nur möglich frei und wird dann durch die offene Tür in die Voliere gefüttert. Während des Winters gibt man normales Hühnermischfutter mit Kalk und Garnelen. Wenn man dazu ab Anfang Dezember dauernd Eicheln anbietet und im Januar einige getrocknete Ebereschenbeeren gibt, tritt keine der gefürchteten Krankheiten oder Unarten auf. Ist der gröbste Winter vorbei, werden die Fasanen ausgesetzt.

Die moderne Zuchtfasanerie

Die moderne Zuchtfasanerie arbeitet mit viel Raum, und der wesentliche Unterschied zur Wildfasanerie ist der, daß die Vögel im Herbst nicht ihre Freiheit bekommen, sondern in einer Voliere überwintert werden. Das Zuchtmaterial wird aussortiert und der Überschuß an Reviere abgegeben. Es muß hier jedoch auf die Fehler aufmerksam gemacht werden, die immer wieder bei Neuanlage von Zuchtfasanerien vorkommen. Es soll auch gesagt werden, welche Erkenntnisse wir aus den letzten Jahren aus vielerlei wissenschaftlichen Untersuchungen und praktischen Erfahrungen gewonnen haben. Wer eine solche Fasanerie aufbauen will, muß sich auf jeden Fall vorhandene ansehen. Das Wichtigste der ganzen Zuchtfasanerie sind die Aufzuchtwiese und der überdrahtete Volierenraum. Hier müssen die Fasanen so natürlich und frei wie möglich groß werden. Wie in der Wildfasanerie arbeiten die Zuchtfasanerien innerhalb ihres Aufzuchtgeländes ebenfalls mit Topinambur, Mais, Hirse usw., die den Jungfasanen Deckung, Insektenäsung und andere Äsung bieten. Glücklich sind die Zuchtfasanerien, die anschließend an das Aufzuchtgelände ihre Überwinterungsvolieren bauen und durch ihre großen Tore die Vögel von der Aufzuchtwiese direkt in die Überwinterungsvolieren hineinfüttern können. Die meisten Fasanerien haben soviel überdrahteten Raum, daß sie innerhalb dieser Großvolieren die den Aufzuchthäusern entwachsenen Jungvögel aufziehen. Es sind oft Aufzuchtvolieren mit 10qm Raum pro Vogel.

Die *Überwinterungsvoliere* muß, wenn den Jägern im Frühjahr bestes Material geliefert werden soll, für jeden Vogel 5 qm umfassen. Sie muß trocken sein. Die Seitenwände bestehen am besten aus Maschinengeflecht und Viereckmaschen 50x50 mm, sind 2 m hoch und mindestens bis zu 70 cm Höhe mit wieseldichtem Geflecht gesichert. An der Oberkante dieses dichten Geflechtes läuft der Draht des Elektrozaunes. Das Deckengeflecht kann weitmaschiger sein, denn die Fasanen kommen als erwachsene Vögel in die Voliere.Es muß

Abb. 20. Überwinterungsvoliere Mittelstendorf

Abb. 21. Überwinterung mit winterhartem Kohl und Topinambur

Abb. 22. Fertig für Überwinterung

mit Stangen abgestützt werden, und es ist glatt und wenig dachförmig zu ziehen, weil die Vögel im Winter in dieser Voliere flugfähig bleiben und kräftige Schwingen behalten sollen. Dachartige, d.h. an den Seiten niedriger werdende Bedeckung erschwert aber das Fliegen ungemein und führt leicht zu Verletzungen. Die Überwinterungsvoliere muß, wie die Aufzuchtvoliere, mit Aufbaummöglichkeit und Deckung ausgestattet sein, denn die Fasanen wollen verschwinden können, wenn irgendein Raubvogel die Überwinterungsvoliere überfliegt. Außerdem muß ein Acker vorhanden sein, der im Frühjahr mit den üblichen, für die Fasanen nötigen Gewächsen wie Topinambur, Hirse, Mais, evtl. Kohl, Salat und Lupine bestellt wird.

In der Überwinterungsvoliere wird, wenn der Acker gut bestellt ist, eine Fütterung mit Grün in den ersten Wochen nicht nötig sein. Wenn diese natürliche Grünäsung nachläßt, greifen wir zum Markstamm- oder Rosenkohl, den jede Zuchtfasanerie außerhalb der Voliere anbauen muß. Er wird in pilzartigen Grünraufen (s. Abb. 23) angeboten und darf nicht am Boden liegen. Man kann die Kohlstämme auch so in den Seitendraht stecken, daß sie herabhängen, ohne den Boden zu berühren. Alles, was am Boden liegt, wird in der Voliere von den Fasanen bekotet und ist als Nahrung ungeeignet. An Körnerfutter gibt man die normale Hühnerfuttermischung, die es in jeder Futtermittelhandlung zu kaufen gibt. Je kälter es wird, um so mehr Mais gibt man dazu. Weizen ist das beste Fasanenfutter. Die Fasanen in der Überwinterungsvoliere müssen Eicheln bekommen, vor allen Dingen dann, wenn die

Nächte länger werden.Sie brauchen in dieser Zeit auch viel Heu, möglichst blättriges Heu von Klee, Luzerne usw. Es ist grundfalsch, die Fasanen in der Überwinterungsvoliere mit einem rasch verzehrten, leicht verdaulichen Futter zu füttern.

Im Winter hat der Vogel nur acht Stunden Tag, während derer er zweimal gefüttert wird, aber 16 Stunden Nacht. Bekommt er nun leicht verdauliches, wenn auch kräftiges Futter, so wird er zwei Stunden nach der letzten Fütterung bei seiner schnellen Verdauung schon einen leeren Kropf haben und 14 Stunden ohne Futter sein. Er übersteht es, aber alle Funktionen des Körpers werden so gestört, daß wir im Frühjahr nicht mit vollwertigen Eiern rechnen können. In den lichtärmsten Monaten (Dezember und Januar) braucht der Fasan auch Sonnenvitamine. Das ist vielleicht wissenschaftlich nicht ganz richtig gesagt, aber wohl der beste Ausdruck für das, was in den Ebereschenbeeren enthalten ist. Von diesen nimmt er nur so viel auf, wie er wirklich benötigt, und sie bekommen ihm ausgezeichnet. Wir verfüttern ungefähr auf 100 Fasanen im Winter einen Zentner. Diese werden nach Möglichkeit selbst geerntet und getrocknet. Seit Einfangen der Vögel wird ihnen immer wieder etwas Fleisch gegeben, eine Katze, ein Fuchskern und was sonst bei den Jägern anfällt.

Abb. 23. Grünfutterraufe

Ist nicht genügend vorhanden, so ist auf Trockenfleisch zurückzugreifen. Zur Hauptsache bekommen sie das, was sie später im Revier bekommen sollen, nämlich Druschabfälle, mit Kaff und Spreu untermischtes Körnerfutter.

Wohlgemerkt, wir sprechen von der Überwinterungsvoliere für Fasanen, die im Frühjahr ausgesetzt werden sollen, daher nicht mit Kunstfutter gefüttert werden. Die Umstellung auf das Selbersuchen im Revier wäre zu groß – *oft ein Grund, weshalb die ausgesetzten Hennen nicht brüten.* Die Zuchtfasanen bleiben in der Großvoliere, die sie als Jungfasanen bezogen haben. Wir hören noch später davon. Um einzelne wertvolle Rassen zu ziehen oder zu kreuzen, werden markierte Zuchtstämme gehalten.

Die Zuchtstämme, die vom letzten Frühjahr noch in der Fasanerie sind und ein zweites Jahr behalten werden sollen (zweijährige Hähne und Hennen sind durchaus geeignet), dürfen im Winter nicht in irgendwelchen kleinen Nebenboxen gehalten werden, sondern müssen in der großen Überwinterungsvoliere Freiflug, Luft und Licht haben.

Mitte bis Ende März sollen die *Zuchtstämme* aus der Überwinterungsvoliere wieder in die Legeboxen oder Legevolieren kommen. Transportable

Abb. 24. Fasanerie der Landesjägerschaft Niedersachsen e. V.

Abb. 25. Aufzuchtboxen

Legeboxen sehen genauso aus wie die später (Abb. 24 u. 25) beschriebenen, transportablen Aufzuchtgestelle für Rebhühner. Man kann die Zuchtstämme zu 1:4 bis 1:10 zusammensetzen; ich habe immer den goldenen Mittelweg gewählt und 1:5 oder 1:6 genommen. Die Befruchtung in unserer Fasanerie betrug im Jahresdurchschnitt bei 1 000 genau geprüften Eiern 92%. Der Boden der Legeboxen wird im Herbst mit ungeöltem Kalkstickstoff abgestreut, tief umgegraben, und mit Roggen eingesät.

Im Frühjahr wird der grüne Roggen von den in die Box gesetzten Fasanen abgeäst, und zwar so schnell, daß man sagen kann, bevor er verschmutzt. Dazu bekommen sie acht Tage lang vorgekeimten Hafer. Sind sie wie beschrieben im Winter gefüttert worden, so sind sie als Zuchttiere bestens vorbereitet. In der Legebox befindet sich kein anderes Grün, es würde nur bekotet werden, die Fasanen würden es aufnehmen und erkranken. *Grünäsung wird nur in einer Raufe gereicht*, zuerst der überwinterte Rosenkohl, später frischer Klee. Das normale Körnerfutter wird weiterhin gegeben, mit dem Hauptgewicht auf Weizen, dazu Legefutter für Zuchttiere (kein Legemehl). In jeder Legebox ist ein kleines Schutzdach, unter dem trockener Sand mit wenig Holzasche vermischt zum Hudern bereit liegt. Ein paar Schaufeln Kies mit den nötigen Steinchen und Muschelkalk liegen daneben. Legeboxen, die nebeneinanderstehen, müssen mit Brettern 70 cm hoch abgetrennt sein,

Abb. 26. Bodenfreie Legeboxen garantieren Rotwurmfreiheit

damit die Hähne sich gegenseitig nicht sehen. Sie haben sonst mehr damit zu tun, sich zu bekriegen, als die Hennen zu umsorgen. Etwas schattenspendendes Gebüsch muß ebenfalls in der Box stehen.

In Wolmersdorf habe ich die in Dänemark schon gebräuchlichen, hochstehenden Legeboxen benutzt und bis Ende Mai zahlreiche und gut befruchtete Eier geerntet (s. Abb. 26).

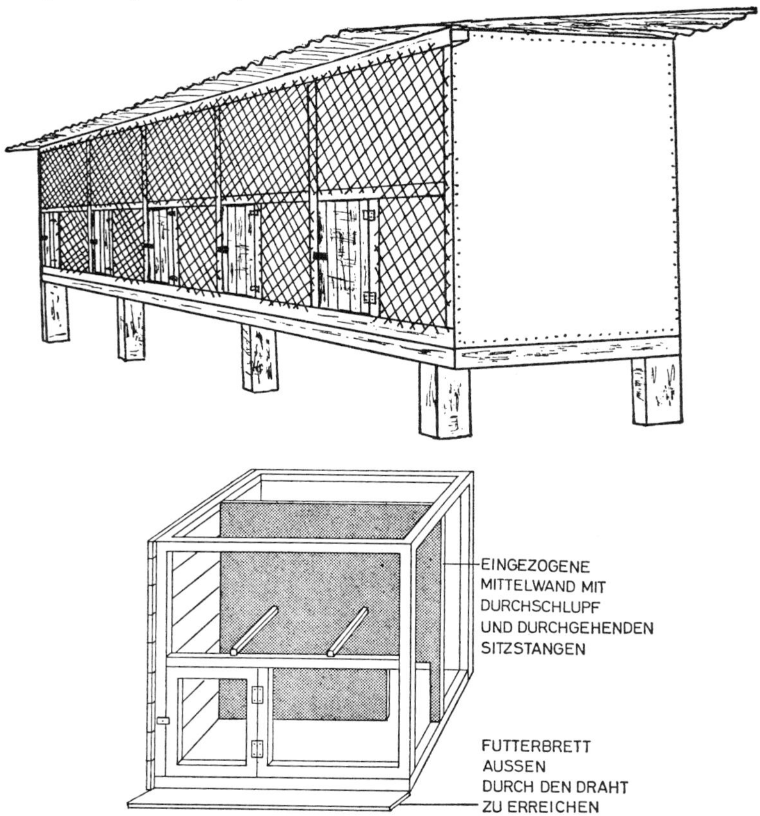

Abb. 27. Hochstehende Legeboxen (Rückfront, Einzelkasten Vorderfront)

Die Anlage steht auf etwa 80 cm hohen Zementpfählen und läßt sich schnell ab- und umbauen. Wir errichten für jeweils 1 Hahn und 5 Hennen sechs aneinandergereihte Boxen, die sich je nach Bedarf auch in eine oder mehrere größere Boxen verwandeln lassen. Jede Legebox ist zweigeteilt mit Durchschlupf, damit sich die Tiere sicher fühlen. Als Unterlage geben wir in die eine Seite Spreu, in die andere Kies. Fast alle Krankheiten sind mit diesem Hinwegheben der Fasanen vom Boden entschärft. Z. B. der Rotwurm, der den Regenwurm als Zwischenwirt hat. Befüttert wird von einem Vorbrett aus, so daß diese Anlage eine große Arbeitsersparnis bedeutet.

In Norddeutschland setzt am 20. April normalerweise die *Legezeit* voll ein. Die Eier werden mit dem Eierkescher aus der Box geholt oder eingesammelt. Sonnenbestrahlung bekommt ihnen nicht. Hähne, die nicht ordentlich balzen, nicht richtig in der Farbe glänzen, und auch sonst kein gutes Bild geben, werden ausgetauscht, zu diesem Zweck wurden Wechselhähne zurückbehalten, evtl. gibt man einem guten Hahn auch 2 bis 3 Boxen gleicher Rasse, also 10 bis 15 Hennen. Bei den Fasanen genügt einmaliges Treten für mehrere Eier, wahrscheinlich sogar für das Gelege, so daß der Hahn trotzdem nicht überfordert ist. Die zu verkaufenden Eier kommen nach drei Tagen zum Versand. Die Eier, die wir selbst benutzen, können 14 Tage gelagert werden, denn es dauert auch in der Wildbahn wenigstens 12 Tage, bis das Gelege vollzählig ist. Die langjährige Erfahrung hat ergeben, daß der Versand immer noch, trotz aller modernen Möglichkeiten, am gefahrlosesten in festen Weidenkörben mit Deckel und *Henkel* geschieht, weil diese nicht geschleudert werden. Jedes Ei bekommt ein mit der Hand gedrehtes Nest aus Holzwolle, und so geschützt werden die Eier schichtweise in die Körbe gelegt. Versand nur per Bahn-Expreßgut.

Das bisher Beschriebene gilt für die exakte Zucht- und Auswahlkontrolle in der Großfasanerie. Die Massenproduktion in der Großfasanerie, natürlich auch mit ausgesuchtem Zuchtmaterial, beschreibt nachfolgend Revieroberjäger E. SCHULZ. Schulz arbeitet seit Jahren daran, den Ph. c. c. nach äußerem Erscheinungsbild zurückzuzüchten, und hat 1979 erstmals aus Griechenland geholte Ph. c. c. und Ph. versicolor aufgezogen.

Künstliche Massenaufzucht

Die Legevolieren sind heute fast nur noch Großvolieren. In den Legevolieren werden für jede Henne zehn Quadratmeter Boden gerechnet. Auf 12 Hennen kommt ein Hahn. Nach 14 Tagen bis 3 Wochen werden schwache Hähne entnommen. Die Befruchtung muß, wenn die Voliere in Ordnung ist, über 90% liegen. In der Voliere stehen vorjähriger Mais als Deckung und reichlich korbartig umgedrehte Fichtenspitzen als Legebüsche also Legedeckung.

Die Legehennen sind schon im Vorjahr Ende Juli Anfang August als Junghennen in die vollbegrünte Voliere gesetzt worden (siehe voriges Kapitel). Die Hähne werden, der Natur entsprechend, denn sie vergesellschaften sich im Winter, zusammengehalten und erst bei Balzbeginn, je nach Witterung, also Ende März, Anfang April, dazugesetzt.

In den Legevolieren stehen Futterautomaten mit Körnerfutter und „Legefutter für Zuchttiere". *Es ist darauf zu achten, daß kein normales Legemehl, also Treibmehl, gefüttert wird.* Das Wasser muß abgestanden und sauber sein. Die ersten anfallenden Eier werden mit schwarzem Pfeffer präpariert, um das leidige Eierfressen gar nicht erst aufkommen zu lassen. Mindestens dreimal am Tag werden die Eier abgesammelt und auf der Spitze stehend auf Eierhorden gelagert. Der Lagerraum soll in unseren Breiten eine Temperatur von 8 °C haben. Der Eierversand erfolgt per Bahnexpreß, besser durch Abholer. Versandkartons kann man kaufen.

Ein tägliches Wenden der abgesammelten Eier ist nicht unbedingt erforderlich, da sie im Turnus von 7 Tagen in den Brutapparat gegeben werden.

Der Brutraum soll so beschaffen sein, daß sowohl bei kaltem als auch bei warmem Wetter eine Temperatur von ca. 18 °C gehalten werden kann. Es muß eine gute Be- und Entlüftung vorhanden sein.

In der Zuchtfasanerie wird vorwiegend mit Motorbrütern gearbeitet. Es gibt sie in drei Arten.

1. Der Fertigbrüter. Darin bleiben die Eier bis zur Schlupf auf denselben Horden liegen.
2. Der kombinierte Motorbrüter. Er besteht aus einem Vorbrutteil und einem Schlupfteil oder getrenntem Schlupfraum im gleichen Apparat.
3. Der Großbrüter. Dieser hat zwei von einander getrennte Abteilungen. Die eine dient zum Vorbrüten, die andere speziell zum Schlüpfen.

Im Vorbrüter werden, je nach Innenausstattung, die Eier gelegt oder auf die Spitze gestellt. Der Vorbrüter wird mit je einem Drittel seines Fassungsvermögens am 1. und am 6. bis 7. Tag und wieder am 13. bis 14. Tag mit Eiern belegt. Am 20. Tag wird geschiert und in den Schlupfbrüter umgelegt. So ist ein Tag der Einlage in den Vorbrüter zugleich ein Schier- und Umlegetag in den Schlupfbrüter. Während der Vorbrut werden die Eier bei Brütern mit Handwendung mindestens drei-, möglichst fünfmal täglich gewendet. Moderne Brüter wenden automatisch. Außerdem werden die Eier einmal täglich so viele Minuten gekühlt, wie der Brutraum gerade an Temperatur hat. Bei kleinen Geräten geschieht das durch Herausnehmen der Horden, bei größeren durch Öffnen der Tür und Abstellen der Heizung. Der Ventilator soll dabei ca. 5 Minuten weiter laufen.

Die Bruttemperatur beträgt im Vorbrüter für alle 20 Tage 37,8 °C. Am

Schlupftag beträgt sie 0,3° weniger. Die Luftfeuchtigkeit soll bei der Vorbrut ca. 60% betragen und bei der Schlupf so hoch wie möglich, also ungefähr 95% sein. Man darf beim Schlupfvorgang aber nicht die Luftzufuhr drosseln, um die Luftfeuchtigkeit zu erhöhen, sondern im Gegenteil, bei der Schlupf die Belüftungsschieber (Rosetten) ganz öffnen. Während bei neueren Brütern die Fenster- oder Außenthermometer die Temperatur zumeist genau anzeigen, weichen bei älteren Geräten die Anzeigen von den tatsächlichen Temperaturen bis zu minus 8°C ab. Mit 6 Fieberthermometern, im Gerät verteilt, muß man die Einstellung innerhalb der Maschine ausprobieren, bis man das Mittel von 37,8° erreicht hat. Dabei kann sich ergeben, daß das Außenthermometer des Apparates abweichend nur 37,5° anzeigt. Ich muß dann natürlich nach dieser Anzeige durchbrüten. Je geringer der Unterschied meiner Kontrollthermometer und der Außenthermometer, um so besser ist der Apparat. Mir zu hoch erscheinende Unterschiede kann ich auch mit dem Lüfter regeln.

Bei schlecht befruchteten Eiern ist ein Schieren (Durchleuchten) der Eier am 8. bis 10. Tag notwendig. Bei gut befruchteten Eiern genügt dieses beim Umlegen in den Schlupfbrüter (siehe oben) am 20. Tag.

Daß die Eier beim Schieren abkühlen, schadet ihnen nicht, im Gegenteil, es wird dadurch nochmals kräftig Sauerstoff aufgenommen. Wichtig ist allerdings, daß die Eier in den dann abgekühlten Schlupfbrüter gelegt werden, damit die abgekühlten Eier nicht beschlagen und ins Schwitzen geraten. Das kann zum Ersticken der bereits atmenden Küken führen.

Abb. 28. Fertigbrüter für 130 Eier

Ist der Brutvorgang vorschriftsmäßig verlaufen, picken die Küken meist am 23. Tag an. Jetzt werden (soweit vorhanden) die Staubbindungsbleche eingeschoben und mit Wasser gefüllt. Die Luftfeuchtigkeit wird auf das mögliche Maximum erhöht. *Der Apparat wird erst wieder geöffnet, wenn die Hauptschlupf beendet ist und die Küken trocken sind.* Man sieht das durch die Scheibe, es dauert ca. 24 bis 26 Stunden. Jetzt werden die trockenen Küken entnommen und die Eierschalen abgesammelt. Da es immer einige Nachzügler gibt, wird der Rest der Eier noch einen Tag weiterbebrütet. Was dann nicht geschlüpft ist, wird vernichtet.

Nach jeder Schlupf ist der Brüter zu desinfizieren, z. B. mit einer 2%igen Lysovet-Lösung. Eine Schlupf von 65% der am Anfang eingelegten Eier ist bei Großbrütern als sehr gut zu bezeichnen. Eine von über 70% als hervorragend. Es sei noch vermerkt, daß man den Nachzüglern gerne Schlupfhilfe geben kann, wenn sie sich nur schwer aus der Schale lösen. Die Henne tut gleiches durch kräftige Schnabelhiebe. Kommt es dabei am Nabel zu Blutungen, so ist dieser mit Jodtinktur abzutupfen, um spätere Infektionskrankheiten (Gelbleber) zu vermeiden.

Der Versand der Eintagsküken geschieht in Spezialkartons (immer rund) gefahrlos per Bahnexpreß, da diese Kartons mit lebenden Tieren auf der Bahn nicht so grob behandelt werden wie die Eierkartons (Eierversand am sichersten in Körben mit Henkel; siehe voriges Kapitel).

Es wird ja niemand auf die Idee kommen und sich nach einer Buchbeschreibung eine große Zuchtfasanerie mit Massenaufzucht einrichten. Deshalb ist hier nur der normale Werdegang des Maschinenbrutvogels aufgezeichnet, damit derjenige, der aus der Kleinaufzucht heraus sich etwas vergrößern will, weiß, an was er zu denken hat.

In der Großfasanerie kommen die trockenen Küken in ein überdachtes Aufzuchthaus und werden zu je 250 in einen sogenannten Rundling gesetzt. Dieser Rundling ist eine 5 Meter lange Bahn aus Kunststoff, die, zu einem Kreis gebogen, auf die Erde gestellt wird. Der Untergrund sind Hobelspäne (nicht Sägespäne) oder, noch besser, Torfmull. Bewährt haben sich vierzellige Gasstrahler als Wärmequelle über den Küken. Das Erstlingsfutter ist der feinkörnige Putenstarter, der für die ersten 8 Tage gequetscht oder gemahlen wird. Die hängenden Futterschalen haben 40 cm Durchmesser. Nach neueren Erkenntnissen ist das Hineinkoten nicht so gefährlich, wie früher angenommen wurde. Es soll jedoch vermieden werden, daß der Kot einer Aufzuchtgruppe in die Box einer anderen Aufzuchtgruppe gelangt. Das heißt, die Stämme sollen stets ihre eigenen Futterschalen und Wassernäpfe behalten. Die Wassernäpfe sollen trotzdem so gebaut sein, das ein Hineinkoten nicht möglich ist.

Abb. 29. Fast fertige Jungfasanen vor der Auslieferung

Abb. 30. Teilansicht einer Großfasanerie

In diesem Rundling verbleiben die 250 Küken in Dämmerung bis zum 14. Tag, an dem sie den 15 Quadratmeter großen Stall als Auslauf bekommen. Von diesem Stall aus können sie schon einen Teil des überdrahteten und zu einem Drittel überdachten Grasauslaufes durch ein Schlupfloch erreichen. Der Grasauslauf wird nach Witterung und Entwicklung der Küken laufend erweitert, bis sie nach ca. 10 Wochen in die vollbegrünte Freiflugvoliere einziehen. Einige Hektar unter Draht sind in den Aufzuchtfasanerien keine Seltenheit mehr, und die Vögel haben in diesen Volieren vollen Kontakt mit der Außenwelt. Sie lernen das Flugraubwild kennen und fürchten.

Die als Legehennen vorgesehenen Vögel verbleiben in diesen Volieren, bis sie im nächsten Jahr die erwünschte Zahl Eier gelegt haben, um dann zu einem Nachgelege in die Freiheit entlassen zu werden.

Wie schon oben gesagt, möchte ich niemandem empfehlen, sich eine Zuchtfasanerie zu bauen, bevor er nicht eine in Betrieb befindliche gründlich besichtigt hat.

In der Regel kommt man heute ohne künstliche Brut und Aufzucht nicht aus, wenn man nicht einen Stamm eigenes Brutgeflügel hat. Die Erwerbsfasanerie kann wegen der teuren Arbeitskräfte nur noch künstlich Massen aufziehen.

Für die freie Wildbahn bleibt jedoch die Methode der Wildfasanerie oder die des Auswilderns in das Revier vom Ort der Kleinaufzucht aus das Beste. Sie erreicht in einem Jahr, was ich sonst nur mit mehrmaligem Aussetzen erreiche.

In der Wildfasanerie kann die Brutmaschine jedoch beste Dienste dadurch leisten, daß wir die Eier in den letzten drei Tagen in die Maschine geben. Wir nehmen sie den Glucken am drittletzten Tag fort und legen sie in den Schlupfbrüter. Dort können sie, wenn die oben beschriebenen Anweisungen befolgt werden, in aller Ruhe gut und gleichmäßig schlüpfen. Wir haben dadurch den Vorteil, daß diese Glucken, wenn sie kräftig sind, noch neue Eier unterbekommen können, die, schon angebrütet, aus ausgemähten Gelegen anfallen.

Alle Probleme der künstlichen Brut und Aufzucht lassen sich bei den Fasanen praktisch ebenso gut lösen, wie bei den Haushühnern. Neben der oben von E. Schulz beschriebenen Methode gibt es noch manche andere. Man kann die Fasanen auf Horden oder unter künstlichen Glucken oder unter Wärmeplatten aufziehen. Zu beachten ist dabei stets die unbedingte Sauberkeit. Wenn dann noch dafür gesorgt wird, daß die Fasanen spätestens vom 14. Tag an einen weiten Auslauf haben, kann man auch in der Massenaufzucht gesunde Tiere ziehen.

Fasanenkrankheiten und ihre Bekämpfung

Ist von der Zuchtfasanerie die Rede, müssen die Krankheiten des Fasans erwähnt werden, denn nur hier treten sie besonders in Erscheinung. Mir persönlich sind in freier Wildbahn nur zwei Fälle bekannt, in denen Fasanen unter Krankheiten litten. Das waren Wildfasanerien, die jahrelang sehr überbesetzt waren. Werden sechs und mehr Fasanen pro Hektar geschossen, wird auch hier der Boden „fasanenmüde", und Krankheiten treten auf. Ansonsten aber sind die Fasanen in Freiheit kaum durch Krankheiten gefährdet. In der Zuchtfasanerie, die nicht genug Wechselraum zur Verfügung hat, treten solche aber leicht auf. Den Krankheiten der Fasanen wurde früher ein großer Raum bei jeder Beschreibung von Fasanerien und Fasanenaufzucht gewidmet. Ich halte dieses heute für unnötig. In jedem Lande hat jedermann die Möglichkeit, schnell und sicher Auskunft über Krankheiten zu bekommen, wenn er den ersten eingegangenen Vogel dem nächsten veterinär-medizinischen Institut, das es in jeder größeren Stadt gibt, einsendet. Darüber hinaus haben wir mehrere jagdwissenschaftliche Institute, die jedem Anfrager prompt Nachricht geben, welche Krankheit seine Fasanen haben, und die auch zugleich das Mittel dagegen nennen. Jeder, der sich mit der Zucht größerer Mengen Fasanen befaßt, sollte sich von Anfang an nach einem solchen Institut in seiner Nähe erkundigen und mit diesem zusammenarbeiten.

In dem Augenblick, in dem man feststellt, daß man kranke Fasanen in der Fasanerie hat, greift man sich, wenn möglich, alle gesunden Tiere heraus, um sie vor Ansteckung zu schützen. Ist das nicht möglich, so scheidet man wenigstens alles, was krank ist, schnellstens aus. Jede Zuchtfasanerie hat zu diesen Zwecken ein oder zwei bestimmte Volieren, in denen alles Kranke streng isoliert gehalten wird. Die schlimmste Seuche ist die meldepflichtige *Hühnerpest.* Sie zeigt sich an Freßunlust, müder Erscheinung, gesträubtem Gefieder, zuletzt Krämpfen. Die Voliere oder der Bestand, in dem sie auftritt, ist sofort strengstens zu isolieren. Niemand, der hier zu tun hat, darf eine Voliere, die noch gesund erscheint, betreten. Falls auf polizeiliche Anordnung nicht der ganze Bestand getötet werden muß, werden die noch gesunden Fasanen schutzgeimpft.

Der nächstgefährliche Gegner ist der *Rotwurm oder Luftröhrenwurm.* Die Vögel schütteln den Kopf, als wollten sie etwas aus dem Schnabel loswerden, und husten dabei den Wurm zum Teil aus. Sofortige Isolierung aller gesunden Tiere ist erforderlich. Tritt in Fasanerien Rotwurm auf, so gibt es heute ein ausgezeichnetes Mittel. Es ist Panacurpulver und über die Veterinäre zu bekommen. Die Dosierung bitte genau nach Vorschrift, die jeder Packung beiligt, handhaben. Es wirkt auch gegen Haarwurm. Coccidiosemittel sind schon im Preßfutter enthalten. Kommt es trotzdem zu einem Befall, so gibt man Amprolvet. Dosis ebenfalls genau nach Vorschrift.

Das Sicherste, sollen erwachsene Vögel gesund bleiben, ist das Einsperren in Hochvolieren, also weg vom Boden, da der Zwischenwirt des Rotwurms der Regenwurm ist.

Gegen alle *Durchfallkrankheiten* der Jungfasanen schützt man sich, indem man jede Woche ein- oder zweimal Buttermilch ins Trinkwasser gibt. Genügend Kohle *muß* immer im Futter vorhanden sein. Alle *Erkältungskrankheiten*, die sehr leicht bei Witterungsumschlag eintreten (längeres Auskühlen der Küken) verhütet man, indem man Chinosol ins Trinkwasser mischt (zwei Tabletten Chinosol auf 10 l Wasser). Das wird zwei oder drei Tage durchgeführt, bis die Auskühlungsnachwehen vorbei sind und man wieder reines Wasser geben kann. Grundsätzlich sind so wenig Medikamente wie möglich zu geben.

Die meisten Krankheiten, die auftreten, sind *Raummangelkrankheiten* und falsche Ernährung. Dazu gehören auch Kannibalismus und Federfressen. Die Vergrößerung des Lebensraumes und die Fütterung von Fleisch und Gemüse verhindern beides. Ist man gezwungen, Fasanen in größerer Menge auf kleinem Raum zu halten und es tritt trotz aller abwechslungsreichen Kost Federfressen auf, so sorge man dafür, daß dauernd viele Federn (z.B. von gerupften Schlachthähnen) in der Voliere liegen und für die Küken an Draht pendelnde Styroporplatten erreichbar sind. Federfressen ist die Vorstufe zum Kannibalismus. Tritt dieser erst auf, hilft nur die Erweiterung des Volierenraumes, besser das Aussetzen. Bei Küken, die sofort Licht, Auslauf auf Grasboden, Grünfutter und Insekten haben, tritt Federfressen nicht auf. Die Veterinärmedizin bietet die Vitaminreihe ADE + B an, mit der bisher die besten Erfolge erzielt wurden.

In den Zuchtfasanerien kommt es vor, daß Hähne, seltener Hennen, in den Legeboxen zum *Eierfressen* neigen. Sie müssen und können ausgesetzt werden, denn diese und alle anderen Unarten sind in freier Wildbahn sofort verschwunden. Es empfiehlt sich, die ersten Eier in den Volieren mit Pfeffer zu präparieren. Das wirkt bei Eierfressern abschreckend.

Wer ausnahmsweise gezwungen ist, auf engem Raum zu ziehen, muß vorbeugend füttern und darf sich nicht auf Medikamente verlassen. Ich empfehle Brennessel, Schnittlauch, Schafgarbe, Eicheln, rohe Kartoffeln und Topinamburknollen. Etwas davon gibt es in jeder Jahreszeit. Dazu gibt man kräftige Fleischnahrung, Mehlwürmer, Maikäfer oder sonstige Insekten. Eine regelrechte „Medizin“ gegen Unarten ist *Drohnenbrut*, die von Imkern gar nicht schwer zu beschaffen ist, und die überall vorkommende Vogelmiere.

Abb. 31. Selbst in einer kleinen Fasanerie Ungarns innerhalb der unendlichen Maisflächen fehlt am Eingang die Desinfektionswanne für die Füße nicht

Die wichtigste Vorbeugungsmaßnahme gegen Erkrankungen ist größte *Sauberkeit.* Wer Fasanen zieht, halte die Volieren so sauber wie seine Wohnung. Feuer und Ätzkalk oder ungeölter Kalkstickstoff sind die besten Helfer. Plätze, die zweimal benutzt werden, z.B. als Brutgehege, werden zwischendurch mit Stroh dick belegt und abgebrannt. Es gibt kein Gerät aus Holz, das nicht nach Gebrauch karboliniert oder gekalkt fortgeräumt wird. Wer diese Ratschläge befolgt, wird kaum mit Unarten und Seuchen zu tun haben. Kommt es durch Einschleppung, und das kann dem Saubersten passieren, doch einmal zu einer Seuche, so sei er nicht halb in seinen Maßnahmen, sondern so radikal wie möglich.

Das Aussetzen in die freie Wildbahn

Wenn Fasanen noch nicht als Standwild vorkommen, muß das Aussetzen gründlich vorbereitet werden. Es genügt nicht, daß ich die Schütte hinstelle, Geläuf streue und nun Fasanen dazu setze, da sie dann in den nächsten Tagen schon von allem Raubwild und Raubzeug angegriffen und vernichtet oder zerstreut werden. In einem Revier, in dem Fasanen eingebürgert werden sollen, müssen mindestens ein Jahr vorher richtige Fallensteige angelegt und Fallen eingebaut sowie Habichtsfänge aufgestellt werden. Hunde und Katzen dürfen nicht darin herumstrolchen, und der Fuchs ist kurzzuhalten. Wo ich nur irgendwie Deckung schaffen kann, tue ich es und baue die Schütten dort hinein.

Man kann die Fasanen erst in eine leichte Eingewöhnungsvoliere setzen. Aus dieser lernen sie ihre nähere Umgebung, die Laute darin und die Nächte in ihrem Revier schon kennen. Zumeist werden sie jedoch sofort ins Revier gesetzt. Sind dort und in der Nachbarschaft noch keine Fasanen vorhanden, so setze ich im Frühjahr aus, wenn der Roggen 15 cm hoch ist. Sind alle genannten Vorbereitungen getroffen, hat man den richtigen Platz gewählt und sind die Fasanen am Morgen per Bahnexpreß angekommen, so stellt man sie irgendwo kühl und dunkel hin. Am Nachmittag sucht man mit dem Hund die ganze Gegend ab , um sicherzustellen, daß sich nicht in der Nähe des Aussetzplatzes Raubwild oder Raubzeug gesteckt hat.

Bei Anbruch der Dämmerung bringt man den Korb dorthin, wo man die Fasanen aussetzen will. Die überspannte Sackleinwand wird ein Stückchen zurückgeschlagen oder die im Korb vorhandene Klappe geöffnet, und man verschwindet schnell. Den Platz selbst hat man mit einigen herumliegenden Lappen verwittert, damit in der ersten Nacht, sollten die Vögel noch im Korb bleiben, das Raubzeug abgehalten wird. Es ist aber, wenn nicht gerade Katzen zu befürchten sind, kaum anzunehmen, daß in der ersten Nacht Raubwild den Korb anfaßt. Der Korb wird am nächsten Vormittag abgeholt.

Wahrscheinlich verlassen die Fasanen noch in der Dämmerung den Korb und baumen auf. Haben sie aber erst einmal eine Nacht ruhig an diesem Ort verbracht, so werden sie sich am andern Tag nicht sehr weit entfernen, um hier wieder schlafen zu können, *denn nichts ist dem Fasan so heilig wie seine Nachtruhe.* Tageslärm stört ihn weniger, sofern dieser ihm nicht selbst gilt. Ansonsten will er genauso Ruhe wie alles Wild. Deshalb soll man nicht immer die eben ausgesetzten Fasanen sehen und zählen wollen. Ruhe – und Raubwild und Raubzeug kurz halten, ist wichtiger. Auf dem gestreuten Geläuf werden die Vögel bald zur Schütte finden. Futter muß immer etwas unter der Schütte liegen, und zwar in der ersten Zeit normales Hühnerfutter, wie es die Fasanerien im Winter füttern. Im nächsten Winter kann dann die empfohlene Mischung für Reviere gefüttert werden.

Das Aussetzen im Herbst geschieht nur in Revieren, in denen Fasanen vorhanden sind. Wäre das nicht der Fall, würden die „Neubürger" das Interesse der gesamten Raubritterschaft in der kommenden deckungslosen Zeit auf sich vereinen. Das Aussetzen selbst geschieht wie oben beschrieben. Bei dieser Art des Aussetzens ist es gleichgültig, ob die Fasanen aus einer Fasanerie oder aus einer Wildhandlung als Wildfänge kommen. Ich möchte hier aber kurz ein Wort einflechten über die Vor- und Nachteile der Wildfänge und der Fasanerievögel. Der *Wildfang* hat schon ein anderes Revier kennengelernt. Dieses war seine Heimat, und dort ist er aufgewachsen. Es wird dem Vogel nicht anders gehen als anderen Lebewesen. Er wird vorerst versuchen, seine Heimat wieder zu erreichen, vor allem dann, wenn er schon zwei oder mehr Jahre alt ist. Das kann bei Wildfängen durchaus der Fall sein. Da er sie nicht finden kann, wird er so lange umhersuchen, bis er den ihm zusagenden Platz gefunden hat, der ihm die Heimat ersetzt. Leider ist dieser nicht immer das Revier, dessen Inhaber das viele Geld für die Fasanen ausgegeben hat. Es wird dann auf die Wanderlust der Fasanen geschimpft. Diese Wanderlust der Fasanen ist aber mehr Sage als Tatsache. Sie beruht auf dem, was ich eben sagte, oder auf einem falschen Geschlechterverhältnis, zuviel Raubwild oder auf zu starker Bejagung. Vor allem der Habicht ist in der Lage, ein Revier schnell fasanenleer zu treiben. Natürlich wandert der Fasan auch nach Futter, nach Äsungsgründen. Die meisten Wanderlustmärchen sind aber nur eine Entschuldigung der Jäger, die nicht hegen können. Die Vorteile der Wildfänge bestehen darin, daß sich diese, zumal wenn ältere Tiere dabei sind, gegen die im Revier heimischen Fasanen und das Raubwild besser durchsetzen. Die Gefahr des Verstreichens der Wildfänge wird durch spätes Aussetzen sehr eingeschränkt. Hähne in voller Balz und vor dem Legen stehende Hennen verstreichen kaum.

Die Fasanerievögel sind, wenn man keine anderen verlangt, einjährige Tiere. Sie haben nichts anderes kennengelernt als ihre Aufzuchtwiese. Dann wurden sie eingefangen, kamen in die große Überwinterungsvoliere und haben darin ihren ersten Lebenswinter überstanden. Jedes Revier, und sei es noch so kärglich, wird ihnen besser, schöner und nahrungshaltiger vorkommen als ihre Überwinterungsvoliere. Sie werden kaum auf die Idee verfallen, diese wieder zu suchen, sondern in dem Revier, in dem sie ihr gewohntes Futter in den ersten Tagen vorfinden, jedenfalls vorerst bleiben. Man darf jedoch nicht glauben, daß der Fasan, und sei er noch so anspruchlos, in dem Aussetzungsrevier bleibt, wenn ihm einige hundert Meter vor der Nase ein besseres Gelände geboten wird, denn Grenzen kennt er nicht. Er wird innerhalb der näheren Umgebung, in der er ausgesetzt wurde, in jedem Falle dorthin ziehen, wo es ihm am meisten behagt. Selbst wenn dieses Revier in 2 km Entfernung liegt, kann man noch nicht von Wanderlust der Fasanen sprechen. Für Wildtiere sind das keine Entfernungen. Man biete den „Neubürgern" daher vor allem an der Schütte ihr gewohntes und gutes Futter und werde nie im Füttern nachlässig. Verziehen sie sich dann einmal in den reichlich Äsung bietenden Monaten in die Nachbarschaft, so werden sie sich sofort wieder an die gut beschickten Fütterungen erinnern, wenn es ihnen in einer anderen Jahreszeit schlecht ergeht, vor allem dann, wenn es wieder kälter wird. *Safety first,*

Sicherheit zuerst, gilt für den Fasan so gut wie für alle anderen Lebewesen. Schon im Oktober laufen die Fasanen dem Heger wieder zu, der sein Revier schon für den Winter hergerichtet hat. Als der bessere Heger hat er dann auch die bessere Strecke, denn im November werden ja die meisten Hähne geschossen.

Ich möchte hier beim Aussetzen nochmals auf den *standortgerechten Fasan* hinweisen. Wer sich Gedanken darüber macht, welcher Fasan wohl in sein Revier gehört, der wird auch versuchen, solchen zu bekommen. Es gibt Betriebe, die sich Fasanerie nennen, aber keine sind, sondern aus Liebhaberei züchten und mit Volierenmaterial arbeiten. Für das Aussetzen geeignete Vögel müssen möglichst in voller Freiheit auf der Aufzuchtwiese oder in Großvolieren gezogen worden sein, sind solche nicht zu haben, sind Wildfänge vorzuziehen! Weiter kommt es vor, daß die Fasanerien gedankenlos die am leichtesten aufzuziehenden Fasanen herausbringen, also weder auf Farbe noch auf Wendigkeit züchten, so daß diese Vögel für die Reviere ungeeignet sind. Wer Fasanen aussetzen will, prüfe daher reiflich und sehe sich nach Möglichkeit die Tiere erst an. Gedankenloses Aussetzen von Wild ist die gleiche Sünde wider unsere Reviere, wie das gedankenlose Züchten des zum Aussetzen bestimmten Wildes.

Will man zur sogenannten Blutauffrischung, die im Sinne des Wortes niemals nötig ist, Hähne aussetzen, so sollten diese aus freier Wildbahn oder doch wenigstens von „tüchtigen" Müttern stammen (s. Seite 26).

Die auf Seite 26 schon einmal zitierte Frau Leidloff hat in ihrer 50jährigen Praxis immer wieder schlechte Erfahrungen gemacht mit allen gängigen Wildmarkierungen. Ich kann aus meiner Erfahrung nur bestätigen, daß außer der Tätowierung jede Markierung in freier Wildbahn viel gefährlicher ist, als etwa in einem Gehege. Ich schlage deshalb für die Markierung von Fasanen, sofern sie nicht am lebenden Vogel beobachtet werden sollen, in den letzten Jahren immer nur das Zehenkneifen vor. Dabei wird dem Vogel das äußere Glied eines seiner Zehen mit scharfer Zange glatt abgezwickt, was am toten Vogel jederzeit wiederzuerkennen ist. Die Zahl der Zehen ergibt die Zahl der zur Markierung möglichen Jahre.

Habe ich ein gut besetztes Fasanenrevier und schieße keine Hennen, sondern überlasse diese dem Raubwild (es erkennt die überalterten Hennen besser als jeder Heger), so ist das *die beste Raubwildhege.*

Sehr spätes Aussetzen

In den letzten Jahren haben wir in großer Menge Fasanen aus Volieren erst Ende Mai ausgesetzt. Der Erfolg war durchschlagend; vor allem auch dort, wo bisher alle anderen Versuche fehlgeschlagen waren. Der Grund dafür ist einleuchtend: Die winterlichen Wildfänge, und nur um solche handelt es sich bei uns, legen erst spät in den Volieren. Es werden ihnen daher bis 25. Mai nicht allzu viele Eier abgenommen. Werden diese Hennen nun ab 25. Mai ausgesetzt, so sind sie in Legenot. Sie sind befruchtet, müssen also keinen Hahn suchen, haben keinen Hahn nötig. Draußen im Revier ist überall Deckung und Äsung in Überfluß. Wohin man sie auch setzt, überall ist es besser als in den Volieren.

Wir haben einige Dutzend Nester überwacht von Hennen, die am 28. Mai ausgesetzt wurden. Wir fanden schon am 12. Juni Nester mit 9 bis 12 Eiern, am 17. Juni ein Nest mit 16 Eiern, die eben angebrütet waren (bei Schatzmeister Granso in Schleswig.). Die Henne legt in dieser Zeit gar nicht selten in 24 Stunden zwei Eier. Die Befruchtung dieser Gelege schwankte zwischen 60% und 90%. Die Küken werden sicher groß (alle unsere Hennen waren Wildfanghennen) und haben, was außerordentlich wichtig ist, im Revier Heimatgefühl.

Am 17. Juni angebrütete Gelege schlüpfen um den 10. Juli herum. Die Gesperre können sich noch drei Monate in Rüben, Kartoffeln usw. tummeln. Bei uns in Schleswig-Holstein sind die Hähne dieser Gesperre in der Regel Ende November jagdreif.

Ich empfehle daher jetzt guten Gewissens, für besonders schwierige Reviere, das Aussetzen befruchteter Hennen Ende Mai, und zwar vor allem aus Fasanerien, die mit Wildfanghennen arbeiten.

Regulierung des Besatzes durch Fang und Jagd

Der *Fasanenfang* wird von mir ungern behandelt, denn es gibt immer wieder Menschen, die ihn nicht gerade zum Nutzen unseres Wildes verwenden. Es sei daher über den Fang nur so viel gesagt, daß es leicht ist, den Fasan zu fangen, und daß man den Fang nur *dort* durchführen sollte, wo der Fasan aufgewachsen ist und sich heimisch fühlt. Nur dort wird er den Fang nicht übelnehmen und die anderen Artgenossen dadurch nicht vergrämen. Will ich die Fanggeräte kontrollieren und die Vögel herausnehmen, so gehe ich recht behutsam an das Fanggerät heran, mache mich aber bemerkbar, damit die Vögel, die noch außerhalb des Fanggerätes sind, rechtzeitig verschwinden können. Würden die Fasanen sehen, wie ich auf das Fanggerät losstürze und wie die gefangenen Vögel umherflattern, so wären sie bereits vergrämt.

Dieser Fang sieht aus wie die im Revier gebräuchlichen Schütten, nur daß seine Seitenwände mit Drahtgeflecht umspannt und mit einem Netz überzogen sind. Das Dach ist locker mit Reisig abgedeckt. An jeder der vier Seiten wird ein Rechteck in das Geflecht geschnitten und eine in Scharnieren pendelnde Tür eingehängt, die sich nach innen leicht öffnen läßt, aber nach außen durch zwei Sperrstäbe nicht geöffnet werden kann. Diese Klapptüren werden nach innen hochgestellt, am besten hochgebunden und bleiben einige Tage so geöffnet, damit die Fasanen hinein- und herauslaufen können, wie sie wollen. Innen liegt das übliche Futter. Später lasse ich die Klappen an der Schnur halb herunter, damit sie beim Hindurchschlüpfen schon berührt werden. Wieder nach einigen Tagen lasse ich die Klappe noch weiter herunter, so daß der Fasan beim Rein- und Rausschlüpfen die Klappe bewegen muß. Erst, wenn ich sehe, daß die Fangschütte wirklich gut angenommen ist, lasse ich die Klappe ganz herunter, streue aber wenig Futter vor die Klappe, so daß der Fasan weiß, wo der Eingang ist. Er wird dann die Klappe beim Aufnehmen des Futters ohne weiteres, wie gewohnt, nach innen drücken und dann gefangen sein, da sich die Klappe nicht mehr nach außen drücken läßt (s. Abb. 16).

Habe ich eine größere Anzahl Fasanen in einer solchen Fangschütte, keschere ich sie mit einem Fangnetz am Stock heraus und stecke sie in die Transportsäcke, wobei sie, *wie stets, nur an beiden Ständern gleichzeitig angefaßt werden dürfen.* Dieses Fangen ist die gebräuchlichste und einfachste Art, und andere Verfahren möchte ich nicht beschreiben, da mir nur dieses wegen seiner Auffälligkeit wilddiebsicher erscheint.

Außer durch den Fang wird der Besatz durch die *Bejagung* reguliert. Wie wichtig ein richtiges Geschlechterverhältnis ist, bitte ich auf Seite 16 nachzulesen. Mit der Suchjagd mit dem guten Gebrauchshund sollte niemand, der reife Hähne jagen will, vor Ende Oktober beginnen. Sie muß so maßvoll durchgeführt werden, daß die Fasanen nicht nachhaltig vergrämt werden. Vor allem ist eine wiederholte Beunruhigung in der Dauerdeckung selbst oder in ihrer unmittelbaren Umgebung zu vermeiden. In den wenigsten Revieren werden sich Fasanentreiben lohnen, es ist daher üblich, die Hähne auf den Hasenjagden freizugeben. Bei undisziplinierten Jägern ist dieses ein gewagtes Unternehmen, wenn es sich um Kesseltreiben handelt. Niemals sollte von hinten auf einen flach abstreichenden Fasan geschossen und stets eine waidgerechte Schußentfernung (35 m bei 3-mm-Schrot) innegehalten werden. Auch und besonders nach ausgesprochenen Fasanentreiben, die im Rahmen dieses Buches nicht behandelt werden können und die so anzulegen sind, wie es die Beobachtung aus dem Jahresablauf ergeben hat, ist eine Nachsuche mit allerbesten Hunden unerläßlich. Sie ist nach drei Tagen nochmals zu wiederholen. Dann findet der Hund mit Hilfe seiner Nase manches, was er am ersten Tag nach der Jagd noch nicht fand. Nähere Ausführungen hierzu habe ich in meinem Buch „Jagdbetriebslehre" gemacht, das ebenfalls im Verlag Paul Parey erschienen ist.

Einige Treibjagdregeln auf Fasanen, die nicht vergessen werden dürfen, muß ich erwähnen:

1. *Beitreiber* treiben die Fasanen in das eigentliche Treiben hinein.
2. *Absteller* halten die Fasanen in diesem Treiben, bis es beginnt.
3. *Treiber* gehen dicht an dicht ohne Hunde hin, mit Hunden zurück. Also zweimal durchgehen.
4. *Aufsteher* (dreieckige Zäune aus Weidengeflecht) sorgen für Buketts.
5. *Scherentreiben* (zwei Treiberwehren gehen aufeinander zu) versprechen besten Erfolg.
6. Die *Schützendichte* richtet sich nach dem Besatz. Treiben werden rundum abgestellt. Auslauf der Schützen in 100 m Abstand von dem Treiben, dann an das Treiben herangehen. Die Absteller reihen sich in die Treiberwehr erst ein, wenn die Schützen stehen.
7. Die *Schützen* stehen, bevor die Treiberwehr aufzieht.

Eine gute Treibjagd im Jahre sollte genügen, damit ist der Fasanenbesatz am pfleglichsten behandelt, denn gerade die Fasanen zeigen sich für die Ruhe dankbar, genau wie die Hasen, die in pfleglich behandelten Revieren nur auf *einer* Treibjagd im Jahr beschossen werden.

In gut besetzten Fasanenrevieren sollte man sich nicht scheuen, jedes dritte Jahr auch eine bestimmte Anzahl von Hennen zu schießen. In *Wildfasanerien muß* man es tun, denn die einzigen Wildfasanerien, in denen mir das Auftreten von Seuchen bekannt geworden ist, sind die, die jahre- und jahrzehntelang alle Hennen geschont hatten und einen Überbesatz erreichten. Es ist schwer, für einen Fasanenbesatz eine Norm aufzustellen, wie man dieses bei Schalenwild tut. Wildfasanerien, die pro Morgen einen Vogel zählen, haben einen ausgezeichneten Besatz und werden trotzdem kaum jemals mit Seuchen zu rechnen haben. Als ausgezeichnete Fasanenreviere (meist wird es sich nur um Revierteile handeln) sind solche mit einem Besatz von einem Fasan pro Hektar anzusehen. *Dabei ist Deckung und Äsungsfläche gemeint.*

In den Jahren der Aufzucht werden keine Hennen geschossen. Wer es sich leisten kann, sollte das im freien Revier auch weiterhin verbieten. Das Raubwild erkennt die überalterten Hennen besser als der Jäger und sortiert sie aus. Der Jäger und Heger sorgt also mit der Schonung der Hennen zugleich für das Raubwild. Ich halte dieses Auffüllen der Speisekammer des Raubwildes für die einzig wirksame Maßnahme zur Erhaltung unserer seltenen Raubwildarten. Wo wirklich zuviel Hennen sind, fange man sie und verkaufe sie als wertvolle Wildfänge.

Auf noch eine Kleinigkeit, die für die Hege dieser Wildart spricht, sei hingewiesen: Von allen Niederwildarten wird der Fasan auf den Straßen am wenigsten überfahren. Er erkennt die Gefahr sehr schnell.

Wie sieht es im übrigen Europa aus

Haben nicht die Minoer, so haben die Griechen den Fasan nach Europa geholt (sofern er nicht selbst kam). Beginnen wir mit Griechenland.

M. Stamatopulos, z. Z. Vizepräsident der griechischen Jäger, zeigte mir 1972 in einem ca. 60 ha großen Stück Restwald im bewässerten Gebiet von Caballa (Alexandropolis) einen Bestand der ursprünglichen Ph. c. *colchicus*. Alle Vögel gleichfarbig in der Färbung des ringlosen C. c. und ca. 100–150 g leichter als unsere C. c. (die ja nicht mehr reinrassig sind). In der gesamten Provinz waren nie Fasanen ausgesetzt, aber es hat sie hier immer gegeben. Ein Kleinod in Europa! Die Regierung damals unter Popatopulos wollte es in einer sehr sauber, aber unfachmännisch angelegten Fasanerie nutzen. Ich wollte 1974 Eier holen, kam aber in einer politisch schlechten Zeit, hoffe jedoch, daß es heute wieder möglich ist. Diese Vögel wären genau das, was wir im Augenblick in ganz Europa brauchen für die Auffrischung der bisher vorhandenen Bestände. Und dazu, lassen Sie es mich gleich sagen, tausend Vögel des Versicolor aus Japan, für den Besatz unserer Mittelgebirge!

In Griechenland wurden und werden Fasanerien und Wildgehege betrieben. Man war zu Recht der Auffassung, daß das Wild aussterbe, wenn man nicht die Jagd einschränke, am besten das deutsche Reviersystem übernehme. Die Erkenntnis, daß das Auto das Wild ausrottet, gilt für alle südlichen Länder, in denen frei gejagt wird. Früher konnten die Jäger nur dorthin, wohin sie die Füße oder der Esel trugen; heute fahren sie in die entlegensten Ecken, und es bleibt kein Regenerationsraum für das Wild. In dem Staatsjagdgebiet Trikala erlebten wir in 14 Monaten eine Verzehnfachung des Fasanenbestandes nur durch die Schulung und den Einsatz von Jagdschutzpersonal (keine Brutruhe und reiche Insektenweide). Wir holten über Chasseurope Damwild, und es blieb dort, wo wir es aussetzten. In einem Gebiet, in dem man einen Tag jagen mußte, um einen Hasen zu bekommen, wurden 500 ha Karst eingegattert, und schon nach zwei Jahren konnte man „vor Hasen nicht treten". In der dünnen Besiedlung waren die Hasen natürlich gesund gewesen.

Wirklich vorbildlich zieht man Steinhühner auf und setzte auch den Kreta-Steinbock auf dem Festland aus.

Abb. 32. Steinhuhnlegekästen in Griechenland

In Italien gibt es Fasanen in gepflegten Privatjagden genauso wie in Frankreich. Aber der Nachschub kommt fast nur aus Fasanerien. Die Vögel sind, wie überall, eine Mischung aus den drei gängigsten Colchicusrassen. Man könnte diesen Vogel als europäischen Jagdfasan bezeichnen.

Eine der besten Fasanerien Frankreichs liegt im Crau nahe der Camargue. Der Fasanenmeister Honnorat betreibt sie wirtschaftlich und zieht jährlich ca. 30000 Stück für die Jäger. Ich sah mir im Oktober die Vögel an. Beste Tiere. Platz, Grün und reichlich Insekten in der Aufzucht sind kein Geheimnis für die Gesunderhaltung dieses robusten Wildes. Herr Honnorat hat sechs ha unter Draht und man sieht in seinem Tal, mit einer eigenen Quelle, kaum Draht, so zugewachsen ist alles bis in die Volieren hinein – und voller Insekten, vor allem Grashüpfer. Rohr und fruchtende mediterrane Eiche als Strauch, Wildrose, Minz, Maulbeere, Binsen und Brombeer – und er entfernt nur, was unbedingt entfernt werden muß.

Wir hatten uns noch nie gesehen, aber wenn einer uns angehört hätte, so hätte er sicher geglaubt, wir arbeiteten schon lange zusammen, so gleichlautend sind die Erfahrungen eines Fasanenmeisters im Süden Frankreichs und die eines aus dem Norden Deutschlands.

Abb. 33. Fasanerie in Südfrankreich

Große Aufzuchtstationen aus Spanien sind mir nicht bekannt. Man wird auch dort sehr bald etwas unternehmen müssen, wenn man die weitschweifenden Jäger mit Auto eindämmen will. Gott sei Dank sind reich besetzte hervorragende Privatjagden nicht gerade selten, aber sonst geht man mit dem Wilde nicht just vorsichtig um. Schießt man das Rothuhn im Catalan im Oktober, so schießt man es im Süden im Februar vor dem Lockhuhn, wobei die Lockhühner, die man im Vorjahr aufzog, eine lange schreckliche Einzelhaft in einem sehr kleinen Käfig durchmachen müssen. Sie stehen im schattigen Stall und kommen einmal in der Woche in die Morgensonne, damit sie ihren Lockruf nicht vergessen.

Und die Länder hinter dem Vorhang? Die Situation war schon in Polen 1968 so, daß mir die Herren auf der Jagdausstellung in Novisad, wo Polen eine gewaltige Schau abzog, nicht glauben wollten, wir erreichten unsere Strecken in Schleswig-Holstein, ohne jährlich Tausende auszusetzen. Wo heute in Polen, der Tschechoslowakei, ja sogar in Ungarn große Strecken an Fasanen erzielt werden, wird ausgesetzt. Und zwar laufend und jährlich. Die Fasanerie, die ich 1971 von Budapest aus besuchte, zog jährlich 100000 Fasanen auf! Und es war nur eine von mehreren. Die Vögel sind auch dort überall „der europäische Jagdfasan", es sind keine reinen Rassen vorhanden. Die Fasanerie der Jagdgesellschaft Petöfi z.B. zieht jährlich ca. 6000 Vögel auf, von denen auch an andere Jagdgesellschaften abgegeben wird. Man sagte mir 1979, daß man Sorge habe, ob es sich für die Zukunft lohne, da sich die generelle Raubvogelschonung trotz der unendlichen Maisschläge auswirkt. Die Vögel aus Massenaufzuchten werden auch ins Ausland verkauft, vor allem aber verkauft man ganze Treibjagden oder Jagden für einzelne Jäger nach Stückzahl berechnet.

Abb. 34. Rothuhn im Lockkäfig (Spanien)

In der Sowjetunion wurden nach A. BORODIN im Jahre 1977 in allen staatlichen Wildfarmen insgesamt 54000 Fasanen aufgezogen und ausgesetzt. In Aserbaidschan sollten 40000 Fasanen gezogen werden, es wurden aber nur 4000. Dagegen hat der Jagdverband in der Ukraine im Laufe der letzten 5 Jahre allein 50000 Fasanen in die Kartoffelschläge zur Bekämpfung des Kartoffelkäfers ausgesetzt. Wie überhaupt die Verbandsfasanerien in der UdSSR weitaus mehr Fasanen ziehen als die staatlichen Farmen. Lediglich in der litauischen Staatsfarm Schunskai wird mit Erfolg gearbeitet, und es werden jährlich 7000 Fasanen aufgezogen.

Auf der Krim gibt es zwei Großfasanerien, eine staatliche und eine des Verbandes der Jäger und Sportangler, die zwischen 5000 und 10000 Fasanen jährlich aufziehen.

In den berühmten Burgenlandrevieren Österreichs ist es unterschiedlich. Ich habe kümmerliche Vögel gefunden, die ich nur ungern ausgesetzt hätte, fand aber auch Reviere, die einen wirklich reichen und gesunden Bestand aus natürlicher Nachzucht aufweisen konnten.

Wo der Revierbetreuer etwas von seinem Wild versteht und man dem Heger nicht, wie zur Zeit bei uns, verbietet, das Raubzeug und Raubwild einzuregulieren, kann man in ganz Europa mit Ausnahme der Dürregebiete und Gebirge den Fasan ohne künstliche Nachzucht als Wild im Revier halten und erhalten. Im Augenblick ist das nur noch in deckungsreichen Revieren im Donauraum ab Regensburg abwärts, in Teilen des Burgenlandes und Ungarns, in Griechenland, in Schlesien (Polen) und wenigen Revieren der DDR der Fall.

Die Aufzuchtkosten liegen in ganz Westeuropa mit nur geringen Unterschieden (1978) zwischen DM 18,- und DM 22,- pro erwachsenem Vogel im Frühjahr. Lediglich Griechenland macht eine Ausnahme mit DM 8,-. In Österreich liegen sie um DM 10,-, in Ungarn um DM 6,-, in Polen und in der Sowjetunion um ca. DM 8,- (Angaben aus Rußland 3,2 Rubel). Es gibt zur Zeit kein Land in Europa, das Vögel in Mengen zum Abschuß anbietet, die nicht aus Fasanerien stammen.

Die Wildfasanerie

Dieses im Augenblick (1979) in Westdeutschland, ja, in Westeuropa antiquierte Kapitel möchte ich dem Buch trotzdem erhalten. Einmal könnte irgendwo auf der Welt jemand Fasanen aufziehen wollen, der nicht über Strom und Fertigfutter verfügt, zum anderen schadet es nicht, wenn die Kunst, Fasanen ohne moderne Hilfen aufzuziehen, wenigstens nachlesbar bleibt.

Als Ausrüstung für die Wildfasanerie dient uns eine einfache, auf schweren Holzkufen ruhende Unterkunftshütte mit weitem Vordach, die sich mit Pferd oder Trecker überall hinschleppen läßt. Weiterhin 50 Brutkästen, 40 Aufzuchtkästen mit Vorgitter, entsprechend Futter- und Trinknäpfe dazu. Wer die Sache verbilligen will, kann auf die Brutkästen verzichten. Man läßt dann auch die Haushühner gleich in Aufzuchtkästen brüten, wie unten für die Puten beschrieben.

Anfang Mai muß der Berufsjäger seine Hütte an der Schattenseite des Feldgehölzes bezogen haben. Die Brutkästen stehen, bis zu 6 Stück aneinandergebaut, rechts und links der Hütte auf trockenem Platz, am besten auf kurzem Rasen. Will er um seine Kästen und die Hütte keinen einfachen, fliegenden Zaun aus engmaschigem Draht setzen, der alles Raubwild und Raubzeug abhält, so muß er um die Kästen eine Schnur mit Lappen und Alarmklingeln ziehen. Am Ende der Kastenreihe brennt nachts eine Petroleumlampe.

Der *Brutkasten* (Abb. 35 nur bei großen Aufzuchten zu verwenden, in der Wildfasanerie genügt zur Brut der Aufzuchtkasten mit vorgehangenem Sack) hat einen Scharnierdeckel, aber keinen Boden. Die auf der Erde befindliche Nestmulde, die man in einer Ecke des Brutkastens einrichtet, muß flach sein,

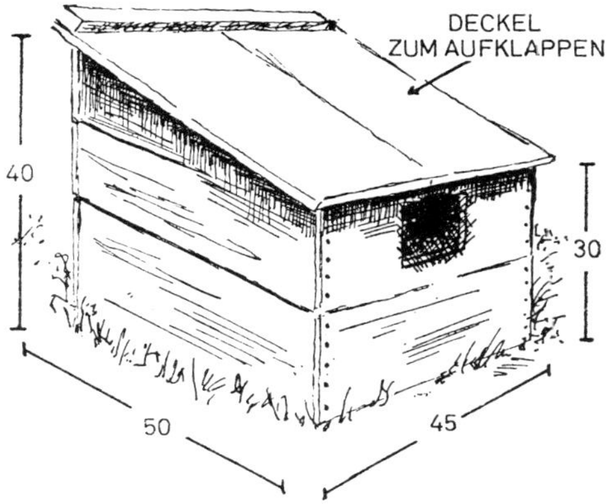

Abb. 35. Brutkasten

damit die Eier nicht zu sehr nach innen rutschen und dabei leicht zerdrückt werden. Ist der Boden locker, wird diese Nestmulde einfach eingedrückt. Ist er zu hart dazu, wird die Grasnarbe mit dem Spaten in der Größe des Brutkastens abgehoben und wieder aufgelegt, nachdem durch Entfernen von etwas Erde eine Mulde an einer Ecke entstanden ist. Bei dieser Arbeit werden die Wände des Brutkastens bis etwa 5 cm in den Boden eingelassen, mit einer Gießkanne wird das Innere des Brutkastens einmal überbraust und der Deckel offen gelassen, bis die Grasnarbe wieder abgetrocknet ist. Jetzt kommt in die Nestmulde eine schwache Handvoll Heu als einzige Polsterung und drei Zwerghuhneier oder sonstige möglichst kleine Hühnereier. Von Kunsteiern muß ich abraten, da viele Hennen sie nicht anerkennen. Am 1. Mai müssen die Nester fertig sein.

Jetzt werden aus der Nachbarschaft die gluckenden Hühner zusammengeholt. Am 12.5. müssen alle Nester besetzt sein, denn am 15.5. sollen die bestellten Eier aus der Fasanerie kommen. Als *Glucken* eignen sich alle Hühner, die gut brüten, ausgenommen die nervösen rebhuhnfarbigen Italiener

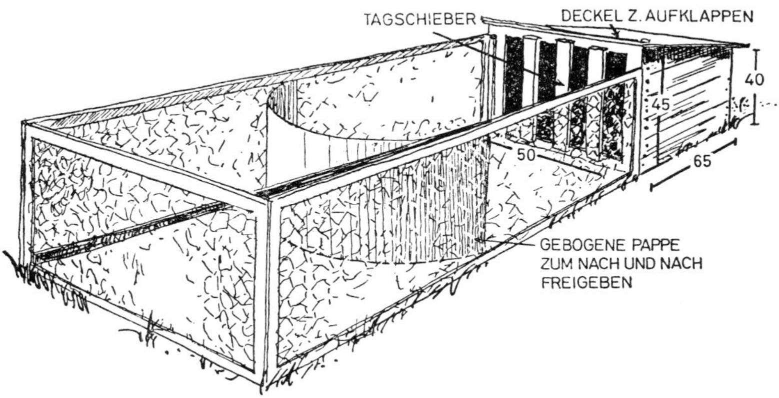

Abb. 36. Aufzuchtkasten

und weißen Leghorn. Ich habe gute Erfahrung mit eigenen Zwerghühnern gemacht, aber auch mit den schweren Blausperbern, die zugleich eine gute Wirtschaftsrasse sind. Soll mit Puten gebrütet werden, so werden keine Brutkästen benutzt, sondern die Aufzuchtkästen auch zum Brüten genommen. Man baut die Aufzuchtkästen genauso ein, wie oben bei den Brutkästen beschrieben wurde. Da die eine Wand des Aufzuchtkastens (s. Abb. 36) offen ist, wird diese mit einem Sack abgedeckt und der Schieber mit engmaschigem Draht (s. Abb. 37) eingehängt. Die Nestmulde für die Puten muß länglich und sehr flach sein. Nicht jede Pute eignet sich. Meist dauert es in einer Fasanerie einige Jahre, bis man einen brauchbaren Putenbestand hat. Für die Wildfasanerie sind Hühner vorzuziehen, denn nichts reißt der Fuchs lieber und leichter als eine Pute. Jede Henne muß, bevor sie auf die Hühnereier probegesetzt wird, mit Wendelinuspuder nach der Gebrauchsanweisung auf der Packung eingestreut werden. Die Henne wird behutsam auf die Eier gesetzt und der Deckel geschlossen.

Vor den Brutkästen schlägt man kleine Pfähle ein, an denen eine etwa 80 cm lange Schnur befestigt wird, die am Ende eine Schlinge hat. Die Pfähle müssen so weit auseinanderstehen, daß sich die Hühner, die mit einem Ständer in der Schlinge befestigt werden, gegenseitig nicht stören können. Jeden Morgen, immer zur gleichen Zeit, wenn es nicht mehr gar zu kühl, aber auch noch nicht warm ist (im Mai etwa um acht Uhr), werden die Glucken vom Nest genommen, angebunden, aus Näpfen getränkt und gefüttert. Neben jedem Pfahl liegt ein Häufchen lockerer Sand, der mit etwas Holzasche vermischt wird, zum Hudern bereit. An Regentagen deckt man kleine Stücke Dachpappe auf den Hudersand, damit dieser trocken bleibt. Die Glucken bekommen als Körnerfutter am besten eine Mischung aus ⅔ Weizen und ⅓ Mais. Ein paar getrocknete Garnelen, aber nicht zu viel, können beigegeben werden. Gras können sich die Glucken in der Umgebung ihres Pfahles selbst rupfen. Nach jeder Fütterung wird der Kot sauber entfernt und in Gruben gebracht, die zu diesem Zwecke ausgehoben werden. Glucken, die nicht fest sitzen, werden bis zum 15. ausgewechselt, so daß an dem Tage, an dem die Eier eintreffen, in allen Kästen gutbrütende Glucken sitzen.

An der Schutzhütte steht an einem kühlen, luftigen, schattigen Platz eine Platte bereit, die mit 5 cm hohen Latten umschlagen und mit leicht feuchtem Sand angefüllt ist. Auf dieser Unterlage werden die Eier in *normaler Längslage 24 Stunden ruhig gelagert.* Bei der Fütterung am nächsten Morgen werden die Nester nochmals gesäubert, das alte Nistmaterial, also das Heu, herausgenommen, die Nester noch einmal gut gebraust, und dann kommt eine neue Lage Heu hinein. In den späten Nachmittagsstunden nimmt ein Gehilfe das Huhn von dem Nest, und man tauscht schnell, aber vorsichtig die Eier um. Das

Huhn wird sanft wieder aufs Nest gesetzt, und der Brutkasten hat Ruhe bis zur Fütterung. An diesem Morgen sehen wir, welche Hühner gut und ruhig die Fasaneneier bebrüten. Die Abnahme des Huhns geschieht folgendermaßen: Man greift von oben in den Kasten und hebt beide Schwingen an, denn darunter sitzen oft Eier. An den Schwingen hebt man das Huhn leicht an und faßt mit einer Hand unter, um es ganz vom Nest zu nehmen. Ist das Huhn angebunden und vor Wasser- und Futternapf gesetzt, so wird es in den ersten Tagen etwas unruhig sein, das schadet nichts. Schon am 3. und 4. Tag hat es sich an diese Fütterungsart gewöhnt. Es wird wieder aufs Nest gesetzt, wenn es gekotet hat. In der Zwischenzeit wird das Gelege daraufhin geprüft, daß keine Eier übereinanderliegen oder gar eingeknickt sind. Man fährt einmal mit dem Rücken der flachen Hand über das Gelege, um zu fühlen, ob sehr kalte Eier dabei sind, die man dann zur Mitte legt. Bei guten Hühnern soll man nicht zu viel in die Naturbrut hineinpfuschen, oftmals verdirbt man mehr als man gut macht. Das Zwerghuhn bekommt 15 bis 18 Eier, das normale Haushuhn 18 bis 23 Eier und die Pute 28 bis 33 Eier.

Die guten Fasanerien geben eine Garantie von 85% Befruchtung. Sie verlangen, daß die unbefruchteten Eier am 12. Tag nach dem Eintreffen in gekochtem Zustand zum Rückversand kommen. Am 10. Tage der Bebrütung über Mittag, wenn es am hellsten und auch am wärmsten ist, schiere ich die Eier. Da ich in der Wildfasanerie keinen elektrischen Strom habe, benutze ich einen Pappdeckel, der zu einer Röhre, die keinerlei Licht durchläßt, so zusammengerollt wird, daß das auf dem Ende vorgehaltene Fasanenei die Röhre abschließt. Führe ich nun die Röhre gegen das Licht ans Auge, so wird am 10. Tage ein unbefruchtetes Ei ganz klar aussehen, ein befruchtetes aber wird dunkel und undurchsichtig sein. Mit allen klaren Eiern verfahre ich wie oben angegeben, wenn es mehr als 15% der Gesamtmenge sind. Sind die Eier aus einer guten Fasanerie und haben sie den Transport gut überstanden, werden normalerweise von 20 Eiern nicht mehr als drei ausgeschiert, so daß das Huhn immer noch ein volles Gelege behält, ein Umlegen von Gelegen also nicht nötig ist. Zum Zweck des Schierens wird das ganze Gelege aus dem Nest herausgenommen und in einen Korb gegeben und dann jedes geschierte Ei wieder ins Nest hineingelegt. Das Huhn bleibt während dieser Zeit angebunden. Ich benötige ungefähr für jedes Gelege 3 Minuten. Unter den aufgeklappten Kastendeckeln notiere ich mit Kreide alles, was das Gelege dieses Kastens betrifft. Sind überraschend viele unbefruchtete Eier dabei, so ist jetzt die Möglichkeit gegeben, Gelege zusammenzulegen und unruhige Glucken einzusparen.

Es wird immer wieder vorkommen, daß noch während der Brut die eine oder andere Glucke ausgetauscht werden muß. Damit diese Unfälle nach

Möglichkeit ausgeschaltet werden, ist schon beim Anschaffen der Glucken darauf zu achten, daß man nur gesunde Tiere bekommt. Gefährlich ist es, stark von Ungeziefer befallene Glucken auf die Gelege zu setzen. Am 14. bis 16. Tag nach der Bebrütung muß die Glucke ungezieferfrei sein, denn in den letzten Tagen vor dem Schlupf kann ich mit chemischen Ungeziefermitteln nicht mehr arbeiten. Die Fasanenküken sind außerordentlich empfindlich gegen alle chemischen Mittel. Ebenso darf ich die Glucken, während sie junge Fasanenküken führen, nicht pudern oder spritzen. Gegen die oft auftretenden Spulwürmer gibt es in den Futtermittelhandlungen, die Wasser- und Futternäpfe, Wendelinuspulver und alles andere für Brut und Aufzucht liefern, auch in Wasser oder Futter lösliche Mittel (z.B. Antiworm), so daß man eine Überhandnahme der Wurmkrankheiten leicht vermeiden kann. Im übrigen sorgt das Brutfieber schon für eine natürliche Entwurmung.

In den ersten Tagen genügt es, wenn die Glucke 10 Minuten vom Nest ist. In diesen Tagen sind die Eier noch empfindlich. Ebenso sind sie es in den letzten Tagen vor dem Schlupf. Auch dann soll die Glucke nicht länger als 10 Minuten das Nest verlassen. In der Zwischenzeit kann die Glucke unbedenklich 20 Minuten und länger vom Nest sein. Jedenfalls ist es besser, die Glucke so lange vom Nest zu lassen, bis sie gekotet hat, als daß sie später dieses und die Eier beschmutzt, denn dies kann für ein Ei tödlich sein. Wird ein Gelege einmal wirklich kalt, so ist nichts weiter zu tun, als ein Tuch oder etwas Heu auf das Gelege zu decken und den Kastendeckel geschlossen zu halten. Hat man binnen 24 Stunden wieder eine Glucke gefunden, so ist das Gelege, wenn es nicht inzwischen transportiert wurde, gerettet, nur daß dieses Gelege ein oder zwei Tage später schlüpft. Habe ich einen großen Besatz an Naturbrut, müssen Reserveglucken vorrätig sitzen.

Der Schlupf selbst muß sich, wenn die Gelege am 15. Mai abends untergelegt wurden, am 8. Juni bei der Morgenfütterung durch angepickte Eier ankündigen. Bei der nächsten Morgenfütterung am 9. Juni, bis zu der man die Eier ungestört unter den Glucken läßt, wird der größte Teil der Küken geschlüpft sein. An diesem Tage werden die Glucken wie immer abgenommen. Während die Glucken fressen, werden von jeweils 4 Nestern (mehr Glucken soll man jetzt auf einmal nicht abnehmen) in sich gesondert die trockenen Küken, die noch nassen Küken, die angepickten Eier und die noch heilen Eier zusammengelegt. Die Schalen werden entfernt und die Nester so gut wie möglich hergerichtet. Beim Aufsetzen der Glucken auf das geschlüpfte Gesperre muß sehr vorsichtig zu Werke gegangen werden. Die Küken, auch wenn sie noch naß sind, werden aus der Nestmulde heraus an die Ränder des Kastens gelegt. Dann wird die Glucke aufgesetzt, und die Küken werden wieder unter die Glucke geschoben. Hierbei zeigt sich, wie vorteilhaft das

Anbinden der Glucke war, denn durch das tägliche In-die-Hand-Nehmen der Tiere haben sie sich so an den Pfleger gewöhnt, daß sie ihm nun nichts mehr übelnehmen.

Glucken, die nach den Küken hacken, sortiert man aus und verteilt das Gesperre auf andere, ruhige Glucken. Es schadet gar nichts, wenn eine ruhige Glucke bis 28 Küken bekommt. Wenige Minuten, nachdem ich den Deckel geschlossen habe, hebe ich ihn nochmals vorsichtig an, fahre mit der Hand unter die Glucke und untersuche, ob nicht ein Küken unter die Ständer der Glucke gekommen ist und gequetscht wird. Ist auch das geschehen, herrscht in den Brutkästen für die folgenden 24 Stunden vollkommene Ruhe. Natürlich wird der Pfleger ab und an einmal an den Kästen vorbeigehen und horchen, ob irgendwo in einem Gluckenkasten besonderer Lärm ist. Dann kann er einmal den Deckel heben, um nachzusehen. Hört er nichts, soll er vor der nächsten Morgenfütterung nichts unternehmen.

Das oft propagierte Spritzen der Eier in den letzten Tagen der Brut *unterbleibt.* Ist die Anlage der Brutkästen und Nestmulden so geschehen, wie eingangs beschrieben, und ist die Nestmulde sowohl bei der Anlage als auch beim Wechsel der Probeeier gut gebraust, so werden die Eier keinesfalls unter Feuchtigkeitsmangel leiden. Herrscht während der Brutzeit warmes oder gar heißes Wetter, so wird man *die Umgebung der Kästen und diese selbst mit der Brause gut feucht halten.* Bei dem Spritzen der Eier in den letzten Tagen werden mehr Fehler gemacht als Gutes dabei herauskommt. Entweder es wird zu kalt gespritzt, oder es wird zu stark gespritzt. Immer wieder kommt es vor, daß dann die Glucke auf den zu feuchten Eiern steht. Gerade während der letzten 4 Tage, in denen die Eier empfindlich sind, passieren die größten Mißgeschicke.

Bei der Morgenfütterung am 10. Juni wird der Schlupf so gut wie beendet sein. Was jetzt noch nicht geschlüpft ist und auch durch kleine Hilfe, die keinesfalls schadet, nicht zum Schlüpfen gebracht werden kann, wird zusammengelegt, um noch zwei oder drei Tage abzuwarten. Hat man ein Ei, in dem man Leben vermutet, das aber nicht schlüpfen will, so sticht man mit einer feinen Nadel einmal in die Luftblase, die sich jeweils am dicken Ende des Eies befindet. Einem bei dem Schlupf durch irgendwelche Umstände angetrockneten Küken hilft man, indem man es mit Speichel befeuchtet und versucht, dann die Eihaut und Schalenreste vom Küken zu lösen. Hat man den Eindruck, daß das Küken aus Schwächlichkeit nicht recht schlüpfen kann, so gebe man sich keine Mühe damit, denn dieses schwächliche Küken wird später doch eingehen.

Der Berufsjäger, der während der 24 Tage, die das Brüten dauert, in der Schutzhütte wohnt, wird diese Zeit fürs Revier nutzen, aber er darf dabei seine

Arbeit an den Brutkästen keine einzige Minute vernachlässigen. Er hat inzwischen den Einbau von Fallen und Zwangspässen vorgenommen, denn die Sicherung des Aufzuchtsgeländes muß seine Hauptsorge sein.

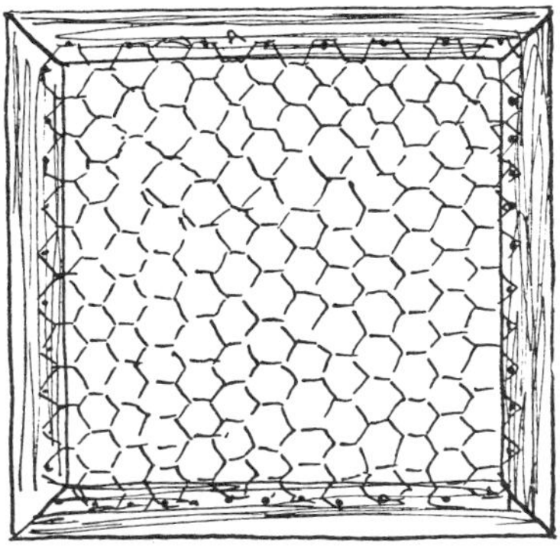

Abb. 37. Nachtschieber

Abb. 38. Tagschieber

Das Gras der Aufzuchtwiesen muß auf jeden Fall genutzt werden. Deshalb werden die Eier von der Fasanerie erst zu Mitte Mai bestellt. Dadurch werden die Aufzuchtwiesen erst ab 10. Juni gebraucht, einer Zeit, in der sie abgeerntet sein können. Ist das Heu noch nicht trocken genug zum Einfahren, so trägt man es vorerst dort zusammen, wo es bei der Aufstellung der Aufzuchtkästen nicht stört. Die meisten Küken waren am 10. Juni morgens trocken und dürfen nunmehr in die umgestellten, bisher als Brutkästen benutzten Aufzuchtkästen auf die Wiese (s. Abb. 36) gebracht werden. Die Glucke kommt in einen Sack, und die Küken werden in einem kleinen Körbchen mit Decke oder Tuch darüber zum Aufzuchtkasten getragen. Der Aufzuchtkasten bleibt noch geschlossen, d.h. der Schieber mit engmaschigem Draht (s. Abb. 37) bleibt davor, und Glucke und Küken müssen sich vorerst auf den Raum im Kasten beschränken, in dessen einer Ecke eine gute Handvoll Heu als Nest liegt. Bei Puten kommt es vor, daß sie in den ersten Tagen die Küken bekoten, weil sie das Grün im Aufzuchtkasten zupfen und vom Kükenfutter mitfressen. Es empfiehlt sich deshalb, die Puten in den ersten vier Tagen morgens und nachmittags eine Weile außerhalb des Aufzuchtkastens anzubinden, damit sie dort koten können.

1. Tag. Wenn wir am Vormittag die Küken umsetzen, so geben wir ihnen am Nachmittag des 10. Juni erstmals ihr Futter. Das meiste hiervon wird im Aufzuchtkasten die Glucke fressen, das schadet aber nichts, denn dabei lernen die Kleinen, wo sie ihr Futter finden und wie sie es picken. Vor den

Aufzuchtkästen wird ein Vorgitter (s. Abb. 36) gebaut, das ebenso breit wie der Aufzuchtkasten, etwa 1,50 m lang und ungefähr kniehoch mit engmaschigem Draht bespannt ist. Am nächsten Morgen drehen wir den Aufzuchtkasten so, daß die Sonne möglichst hineinscheint. Alle Aufzuchtkästen stehen bis zum 10. Tag so, daß möglichst viel Sonne hineinkommt. Haben wir die Remise vom Feldgehölz zum Waldrand anlegen können oder haben wir wenigstens einen Mais- oder Topinamburstreifen gezogen, so bauen wir jetzt die Aufzuchtkästen 2 m von dieser Remise entfernt daran entlang auf, sonst gleichweit entfernt vom Feldgehölz. Es genügt also, daß am 10. Juni, wenn die Kästen herauskommen, ein Streifen von 5 bis 8 m vor der zu benutzenden Deckung gemäht und gesäubert ist.

2. bis 4. Tag. Morgens, wenn die Sonne in die Kästen hineinscheint, wird der Nachtschieber herausgezogen, so daß nur noch der Tagschieber (s. Abb. 38), der die Glucke zurückhält, aber die Küken durchläßt, den Kasten von dem Vorgitter trennt. Sehr rasch werden die Küken in das Vorgitter hinauslaufen, und der Pfleger muß am ersten Tag darauf achten, daß sie immer wieder unter die Henne zurückfinden, deren Lockton sie noch nicht kennen. Diese Arbeit wird 4 bis 5 Tage in Anspruch nehmen. Man kann sich das Aufpassen erleichtern, indem man in das Vorgitter eine gebogene Pappe spannt, mit deren Hilfe man es erst nach und nach freigibt.

5. bis 7. Tag. Jetzt werden die Küken den Lockton der Henne genau kennen, der sie zum Futter ruft, und es wird auch nicht mehr vorkommen, daß ein Küken in dem Vorgitter bleibt und dort verklammt. Jetzt ist die Zeit gekommen, den Küken die Freiheit zu geben. Der Aufzuchtkasten, der 2 m von der Deckung entfernt auf die Wiese gestellt wurde, wird unter allen Umständen *jeden Tag an einen anderen Platz gerückt.* In den ersten Tagen, in denen noch das Vorgitter vor dem Aufzuchtkasten ist, genügt es, eine Vorgitter- oder Kastenbreite weiterzurücken, weil die Küken ja diesen Platz noch nicht verlassen können. Bekommen die Küken aber Freilauf (also jetzt, wo das Vorgitter verschwindet), muß der Kasten jeden Tag einige Meter weiter von dem benutzten letzteren Platz hinaus in die Wiese versetzt werden. Es ist darauf zu achten, daß immer so viel Wiese gemäht ist, wie für das Weiterrükken der Kästen benötigt wird. Nichts erleichtert das Anschleichen des Raubwildes, besonders des Wiesels, so sehr wie eine ungemähte Wiese.

Konnte der Remisenstreifen zwischen Feldgehölz und Wald nicht angelegt werden, so empfiehlt es sich in jedem Falle, hier wenigstens einen Topinambur- oder Maisstreifen anzulegen. Eine Verbindung zwischen dem Waldrand und dem Feldgehölz wird alles, was aus dem Walde heraus unsere Vögel angreifen will, in die Fallen ziehen, die in diesem Streifen zu postieren sind.

8. bis 14. Tag. Die Aufzuchtkästen müssen so weit auseinanderstehen, daß in den ersten 14 Tagen keinesfalls ein Gesperre mit einem anderen in Berührung kommt. Das Gelände muß also so reichlich bemessen sein, oder man muß weniger Eier, also weniger Gesperre, nehmen.

Die *Glucke* erhält ihr Futter am besten in einer kleinen Schale und in den ersten 8 bis 14 Tagen vorwiegend aus Mais bestehend, den die Küken nicht aufnehmen können. Auch der Wassernapf muß der Glucke erreichbar sein und ist so zu wählen, daß die Küken nicht darin ertrinken können. Man nimmt eine möglichst flache Schale, in deren Mitte man einen Stein legt, damit nur ein kleiner Wasserrand bleibt, der den Küken nicht gefährlich werden kann.

Die Fütterung und Aufzucht der Jungfasanen

Die Fütterung und Aufzucht der Jungfasanen hat sich nach unseren Erfahrungen in den Wildfasanerien und vor allem durch die heutigen Fertigfuttermischungen grundlegend gewandelt.

Die Fütterungsanweisung für die ersten drei Tage bleibt wie anschließend beschrieben. Ab dritten Tag kann schon Fasanenfertigfutter in Form von Mehl oder besser körnig gereicht werden; gute Erfahrungen sind auch mit handelsüblichen „Putenstartern" gemacht worden.

Sobald die Küken Freiheit aus dem Vorgitter bekommen, fällt die gesamte Grünfütterung fort, denn sie suchen sich bei genügend Platz in der Wildfasanerie alles Nötige selbst. Von dieser Zeit, also *vom sechsten Tag* ihres Lebens an, brauchen einzig mit der Schale durch den Wolf gedrehte hartgekochte Eier dem fertigen Fasanenaufzuchtfutter beigegeben werden. Wenn die Gesperre reichlich Platz auf der Aufzuchtwiese haben, kommt man mit ganz geringen Mehlwurmbeigaben aus.

Wir haben in den letzten Jahren erlebt, daß völlig unerfahrene Personen mit den jetzt angebotenen guten Aufzuchtmitteln 75% der Küken aufzogen. Die Lieferfirmen der Futtermittel geben zudem eingehende Anweisungen für die Verarbeitung ihres besonderen Futters dem Käufer in die Hand.

Alle anderen in dem Kapitel Aufzucht gegebenen Anweisungen sind jedoch strengstens zu beachten. Sie sollen daher auch in dieser 5. Auflage ungekürzt wiedergegeben werden.

In einer Wildfasanerie sollen die Vögel so bald wie möglich selbständig sein. Sie bekommen daher von Anfang an viel Raum, auf dem sie sich selbst Grünes und Insekten suchen können. *Das Trinkwasser* (s. auch S. 29) kann aus einem Graben oder Tümpel geschöpft werden. Wichtig ist nur, daß es im Wassernapf nicht länger als einen halben Tag steht. Bei ganz krassen Witterungsumschlägen gibt man in das Wasser etwas Chinosol (2 Tabletten auf 10 Liter Wasser).

Solange die Jungfasanen noch im Vorgitter sind, füttert man sie aus einer kleinen Steingutschale mit flachem Rand, später auf Futterbrettchen. Während der Zeit im Vorgitter füttern wir alle drei Stunden, und zwar um 6, 9, 12, 15 und zuletzt um 18 Uhr.

1. und 2. Tag. Das Erstlingsfutter ist zu gleichen Teilen gemischt aus feingewiegter Schafgarbe und feingewiegtem, hartgekochtem Ei, d.h. Eiweiß mit Eigelb ohne Schale. Eine Viertelstunde nach der Fütterung wird die Futterschale herausgenommen, abgespült und auf den Aufzuchtkasten gesetzt. Die Reste gibt man der Glucke. Zuerst stellt man den Küken im Vorgitter die Schale so hin, daß die Glucke eine kleine Ecke der Futterschale erreichen kann, damit sie sich hier etwas Futter aufnimmt und damit die Küken lockt.

3. Tag. Jetzt bekommen die Küken einmal am Vormittag und einmal am Nachmittag zwischen den Mahlzeiten je einen Mehlwurm. Wir wollen nicht erst anfangen, Ameisenpuppen zu füttern. Die paar Ameisen, die noch im Walde sind, werden ausgebeutet, und das Suchen dieser Mengen für eine große Anzahl Fasanen ist sehr zeitraubend und schwierig. Mehlwürmer kann man bei der Firma Claus in Limburg, Pfalz, bestellen, und sie genügen vollauf, den jungen Küken in der ersten Zeit das Lebendeiweiß zuzuführen.

4. Tag. Zur selben Tageszeit werden je Küken je zwei Mehlwürmer gereicht. Es läßt sich dies mit einigem Geschick sehr schön so einrichten, daß jedes Küken seinen Mehlwurm oder die ihm zugedachten Mehlwürmer bekommt. Schon zwei Wochen vor der Schlupf haben wir bei einer Fachhandlung *Fasanenaufzuchtfutter* bestellt. Ich habe nach dem Kriege mit dem Futter der Vogelfutterfabrik Wührmann in Bremen-Mandorf gearbeitet und gute Frfolge damit erzielt. Am 4. Tag wird nun erstmals dieses Fasanenfutter gereicht. Es ist ein Backfutter, bestehend aus Insektenschrot und Backware, das 10 Minuten vor der Fütterung mit normalem kalten Wasser so eingeweicht wird, daß es die Feuchtigkeit noch gut aufnimmt. Das geschieht am besten in einem kleinen Topf. Dann wird die Futtermenge zusammengedrückt und bleibt 5 Minuten stehen. Nach dieser Zeit wird das Futter auf ein Futtertablett gekippt und aufgelockert. Es muß jetzt ungefähr die Beschaffenheit von frischem Brot haben. Dieses Futter wird *zu gleichen Teilen mit dem Erstlingsfutter* aus Ei und Schafgarbe gemischt. Statt dieses Weichfutters kann, wie eingangs des Kapitels erwähnt, *Fasanenküken-Alleinfutter* in körniger Form gereicht werden. (Angebote in den Jagdzeitschriften, z.B. Firma Trümper, Lüneburg.) Dazu kommt feine Kohle, die überall in den Futtermittelgeschäften käuflich ist. In eine Menge wie ein Laib Brot wird eine halbe Handvoll gut untergemengt. Wir haben in den letzten Jahren zu dieser Mischung noch *Entan* gegeben, ein Mittel, das anregend und vitaminreich ist (Dosierung auf der Packung). Andere Fasanerien haben mit einer Beigabe von Futterhefe gute Erfolge gehabt.

5. Tag. An diesem letzten Tag im Vorgitter erhalten die Küken dieselbe Mischung von Ei, Schafgarbe und dem Fasanenaufzuchtfutter nebst Kohle und evtl. Entan, aber je Küken jeweils 4 Mehlwürmer.

6. Tag. Die Küken bleiben bis zur Morgenfütterung um 6 Uhr im Kasten. Das Futter wird vorbereitet, das Vorgitter entfernt und jetzt erst der Nachtschieber gezogen, was sonst beim ersten Licht geschieht. Damit haben die Küken ihre erste beschränkte Freiheit bekommen. An diesem Tag müssen die Kästen, die immer weitergerückt werden, nun wenigstens 15 m auseinanderstehen, um in den nächsten Tagen noch weiter auseinanderzukommen. Von dieser Nacht an brennen die Petroleumlampen, die vorher bei den Brutkästen brannten, an den gefährlichsten Ecken der Aufzuchtwiese. Futter wie am Vortage, jedoch pro Küken jeweils 6 Mehlwürmer. Da die Küken in der Wildfasanerie täglich auf frische Wiese kommen, kann auf Zufütterung von Grün verzichtet werden. Von nun an werden die hartgekochten Eier mit der Schale durch den Wolf gedreht und so gereicht. Wichtig ist, daß das Futter jeweils eine Viertelstunde, nachdem es gereicht wurde (wenn Fasanenbackfutter dazugekommen ist), abgeräumt wird, damit es nicht sauer aufgenommen wird. Sobald Backfutter zugesetzt wird, müssen die Futterbretter einmal am Tag abgewaschen werden. Zum Abhalten der Greifvögel von der Aufzuchtwiese hat sich die auf einem Pfahl befestigte spiegelnde Glaskugel am besten bewährt.

7. bis 14. Tag. Haben die Küken viel Platz und ist die Aufzuchtwiese insektenreich, so kann auf Mehlwürmer verzichtet werden. Eine Zugabe von Fleisch ist immer wertvoll, am besten Kaninchenwildpret, das man nach dem Abbalgen und Ausweiden kocht und ohne Knochen durch den Fleischwolf dreht. Bei allen Beigaben gekochten Fleisches ist ganz besonders darauf zu achten, daß kein Futter sauer wird. Die Futterbretter müssen nach jedem Füttern mit der Bürste gereinigt werden. Die *Weichfutterbeimischung* bleibt bis zum 14. Tage gleich.

14. bis 21. Tag. Es geht jetzt die tägliche Eibeigabe um die Hälfte zurück. Es wäre falsch, wollten wir sagen, man muß für soundsoviel Küken die und die Menge Futter nehmen, denn jede Wiese ist verschieden. Haben die Fasanen in der Wildfasanerie viel Platz auf einer Wiese mit viel Insektenäsung, so werden sie weniger Futter benötigen als Fasanen, die auf einer sehr armen Wiese aufgezogen werden.

Auf trockner Wiese wird man kaum *Huderstellen* zu schaffen brauchen, da die Vögel auf grasfreien Stellen sich den Boden selbst zum Hudern bereiten. Auf der feuchteren Wiese müssen die Jungfasanen vom 8. Tag an Hudermöglichkeiten haben. Weiter dürfen wir nicht vergessen, kleine *Kieshäufchen* zu schütten, aus denen sich die Vögel ihre Verdauungssteinchen picken können.

Man muß die Wildfasanerie lebendig und nicht nach Schema behandeln. Wo sich Gelegenheit bietet, den Jungfasanen etwas gern Genommenes erreichbar zu machen, soll man sie ausnutzen, d.h. die Wanderung der Kästen entsprechend gestalten.

Die Küken nehmen in freier Wildbahn, wenn sie von der Henne geführt werden, schon sehr bald kleine Blüten und in der Milch stehende, kleine Körnerfrüchte, vor allem von Gräsern, auf. Diese weichen, in der Entwicklung stehenden Körnerfrüchte können wir den Tieren nicht geben, weil wir sie nicht ernten können. Auf kurzgeschorener Wiese stehen sie auch nicht. Es gibt zwei Möglichkeiten, sie den Fasanen zuzuführen. Einmal das Stehenlassen von Grasstreifen zwischen den Aufzuchtkästen. Dieses ist gut, aber nur möglich, wenn die Bewirtschaftung der Wiese es zuläßt (Ausfall des Heues). Wird es so gemacht, muß sehr darauf geachtet werden, daß die stehengebliebenen Grasstreifen keine Verbindung miteinander und untereinander haben, vor allem aber keine Verbindung zur ungemähten Wiese oder sonstigen Deckung. Es wäre sonst ein ideales Jagdgebiet des Wiesels, das sowieso die Jungvögel genug zehntet, ehe es der Falle oder Flinte endlich zum Opfer fällt.

Die früher sehr *schwierige Umstellung* von Weichfutter auf Körnerfutter *entfällt* heute, da das Küken-Alleinkorn in Körnerform auch für Fasanen alles enthält und nach und nach mit Körnerfutter gemischt werden kann.

Von der *dritten Lebenswoche* an benötigen wir in der Wildfasanerie, bei genügend Platz für die einzelnen Gesperre, keinerlei Futtermischung mehr, sondern nur noch Küken-Alleinkorn. Ist die Aufzuchtwiese sehr insektenarm, geben wir etwas Trockenfleisch, fein für Geflügel (z.B. Gedrath GmbH, Hamburg), dazu. Haben wir noch Mehlwürmer, so können wir diese unbedenklich auch in größeren Mengen füttern. In dieser Zeit nehmen die Vögel schon recht weit Feld und suchen sich, wenn irgend möglich, vielerlei Dinge selbst, die unserem Auge verborgen bleiben. Es wird nur noch nach Bedarf etwa zweimal am Tag gefüttert, wenn nicht Automaten verwendet werden.

Da der Betreuer bei einer großen Aufzucht mehrere Male täglich die weit auseinandergezogenen Kästen besuchen muß, braucht er ein Gerät, auf dem er alles mitführen kann. Dafür hat sich ein gummibereifter Fahrradanhänger bewährt. Die Ausrüstung besteht neben den Behältern mit Futter aus einem Eimer mit starker Chinosollösung und einer Bürste. In der Lösung werden die Futterbretter, solange Weichfutter gefüttert wird, abgewaschen. Weiter sind auf dem Anhänger die Kanne mit dem Trinkwasser, das zweimal am Tag gereicht wird, ein Eimer mit frischem Hudersand (falls nötig) und eine kleine

Handschaufel mit einem Eimer, in den der Kot der Glucken kommt. Wenn der Gluckenkasten auch jeden Tag weitergerückt wird, so sollte man doch den alten Platz von den gröbsten Kotresten säubern. Von der dritten Lebenswoche an steht auf dem Futterwagen ein Eimer mit der käuflichen Fasanen-Kükengrütze. Sie wird nicht in Trögen oder Schalen gereicht, denn es ist trockenes Körnerfutter, kann keinesfalls schlecht werden und im Sommer höchstens keimen. Von dieser Kükengrütze wird einmal am Tag, wenn der Kasten auf seinen neuen Platz kommt, breit vor dem Kasten eine Handvoll ausgestreut. Damit haben die Küken während des Tages immer die Möglichkeit, einmal ein Körnchen davon aufzupicken. Was nicht aufgenommen wird, keimt und wird ihnen nun besonders gut schmecken.

In der dritten Woche tritt eine besondere Schwierigkeit auf, die hier erwähnt werden muß. Sobald die Küken Freilauf haben, wird am Abend in tiefer Dämmerung, wenn die Küken unter der Glucke sitzen, der Kasten mit dem Nachtschieber (s. Abb. 37) geschlossen, der allem Raubzeug den Zutritt verwehrt. Um diese Zeit, bei unserem Beispiel also Ende Juni, sind die Nächte zum Teil schon sehr warm, und die Küken haben die Wärme der Glucke nicht mehr sehr nötig. Sie bleiben abends lange draußen, und zudem regt sich in ihnen das wilde Blut. Sie werden scheu, erschrecken bei jeder Störung und versuchen, schnellstens irgendwo Deckung zu erreichen. Will nun der Pfleger abends den Schieber einhängen, so laufen jene Vögel davon, die nur am Anfang des Kastens oder noch draußen gesessen haben. Würde jetzt der Schieber eingehängt, so würden die Vögel während der Nacht verklammen. Es sei gleich gesagt, daß es besser ist, einmal den Schieber nicht einzuhängen, als drei oder vier Tiere auszusperren, die am Morgen sicherlich tot wären. Schon bei der letzten Fütterung muß der Pfleger deshalb den Schieber mit einem kleinen Stift etwa 10 bis 15 cm über dem Boden halten. Dann braucht er abends nur den Stift herauszuziehen, und der Nachtschieber fällt herunter. Man muß aber aufpassen, daß kein Küken gequetscht wird. Jedenfalls darf der Pfleger keine Mühe scheuen, alle Kästen am Abend zu schließen, selbst wenn er drei- oder viermal gar noch im Dunkeln hingehen muß. Dann heißt es besonders vorsichtig zu sein, da das Licht der Taschenlampe übelgenommen wird. Fällt in dieser Aufzuchtzeit so viel Regen, daß die Wiese naß ist, so gibt man in die Aufzuchtkästen eine dicke Schicht festgetretenen Heues.

4. Lebenswoche. Der Nachtschieber wird früh mit erstem Licht gehoben. Die Küken müssen abends vor ihrem Kasten in Automaten oder auf dem Brett Futter finden.

5. bis 7. Lebenswoche. Jetzt sollen alle Aufzuchtkästen wieder so nahe an die Deckung herangerückt sein, daß die Vögel nicht weiter als 10 m entfernt eine *Aufbaummöglichkeit* vorfinden, die sie in warmen Nächten sicherlich schon ausnutzen. Das Futter besteht aus Küken-Alleinkorn mit Fasanen-Kükengrütze.

Der Pfleger muß sehen, wann der Grad der Selbständigkeit erreicht ist, an dem die Glucke entfernt werden kann. Es wird dies meist am Ende der 6. Lebenswoche der Fall sein. Man entfernt dann zuerst die Glucken, deren Gesperre am selbstständigsten sind, und läßt den Aufzuchtkasten, vor dem weiterhin gefüttert wird, noch stehen.

8. bis 12. Lebenswoche. Sind alle Glucken entfernt, beginnt man damit, auch einen Teil der Aufzuchtkästen fortzuräumen. Ich möchte aber betonen, daß sich für die Zeiteinteilung keine Norm aufstellen läßt. Hat man während der Aufzucht 14 Tage lang schlechtes Wetter gehabt, so werden die Jungvögel erst mit der 10. bis 12 Lebenswoche so weit sein, wie sie bei gutem Wetter vielleicht schon mit der 8. Lebenswoche sind. Wenn der Pfleger nur ein wenig Auge dafür hat, kann er leicht feststellen, wie weit der Grad der Selbständigkeit gediehen ist, und sich in jedem Fall danach richten. Mit der 10. Lebenswoche sollen die Fasanen ungefähr selbständig sein. Jedenfalls wird die Selbständigkeit von der 10. Lebenswoche an rasch zunehmen. Unter günstigen Bedingungen werden die Vögel am Ende der 12. Lebenswoche keine besondere Pflege mehr benötigen.

Der Pfleger hat sie zu dieser Zeit durch geschicktes Verstellen der Kästen und der davor befindlichen Futterplätze dorthin gebracht, wohin er sie haben will, und dort für jeweils mehrere Gesperre eine *große Fütterung aufgestellt.* Bei dem von uns gewählten Beispiel müßte es Mitte bis Ende August soweit sein.

Diese Fütterungen sollen alle gleich aussehen und auch schon etwas weiter draußen im Revier vorhanden sein. Es wird immer einige Vögel geben, die, durch Nahrung angelockt, in die Ackerbreite hinauslaufen. Finden sie irgendwo die bekannte Fütterung, werden sie sich schon recht frühzeitig dort ansiedeln. Sehr schnell werden die Fasanen dabei den Schutz der Deckungsstreifen oder einer Kultur erkennen und die dort reichlich gebotene Insektenäsung genießen. Dort müssen dann natürlich auch Fütterungen stehen. Diese Fütterungen bezeichnen wir als *Schütte* (s. Abb. 4 und 5).

DAS REBHUHN

Einiges zur Biologie des Rebhuhnes

Unser ackerfarbenes Feldhuhn, einst liebstes und häufigstes Flugwild des Jägers und seiner Hunde, kommt von Südskandinavien und Südrußland bis Nordspanien in ganz Europa vor. Im Norden mehr in den Niederungen bis 400m Höhe, im Süden auch in höheren bergigen Landschaften. Im Norden schließen sich an sein Vorkommen die Waldhühner an, im Süden das Rot- und Steinhuhn. Spricht man von Rassen, so sollte man nur erwähnen, daß in Niedersachsen die dunkelste Rasse unseres Perdix perdix vorkommt. In Amerika und Neuseeland wurde es eingebürgert.

Unser im Aussehen gedrungen und abgerundet wirkendes Rebhuhn mit dem kurzen Stoß und den ebenfalls runden Flügeln ist lebhafter im Wesen, als sein Aussehen vermuten läßt. Richtet es sich rufend zum „Girreck-girreck" auf, so zeigt es auf der Mitte der Hinterbrust ein großes kastanienbraunes Hufeisen: besonders ausgeprägt bei den Hähnen; den noch jungen Hennen fehlt es ganz. Hahn und Henne sind am sichersten an ihrem Benehmen zu unterscheiden. Er ist ganz Mann und Beschützer, der sich nicht selten in der Aufzuchtzeit, einen Feind angreifend, opfert. Im Gefieder fehlen dem Rebhuhn auf den mittleren Schulterfedern die Querbinden des Hahnes. Erwachsene Vögel wiegen um die 350g und sind im ersten Jahr geschlechtsreif. Nach Auflösung des Volkes im Februar beginnen die Verlobungauseinandersetzungen und dann die Hochzeit. Man heiratet nicht innerhalb der vorjährigen Familiengemeinschaft. Gut geführte Rebhuhnaufzuchten nehmen darauf Rücksicht. In einem oft recht tiefen, aber wenig ausgepolsterten Nest – wenn vorhanden, in vorjähriger Gras- oder Krautdeckung – werden Ende April bis Anfang Mai im Normalfall 12–16 Eier gelegt.

Sie sind olivfarben, 35 × 27mm groß, wiegen 12 bis 15 Gramm und werden 24 Tage allein von der Henne bebrütet. Von der Eiablage (16) über die Brutdauer bis zur Beendigung der ersten Kükenmauser vergehen 63 Tage. Es sind die gefahrvollsten im Leben unserer Rebhühner, obgleich der Hahn sein Wächteramt in Tag- und Nachtschicht ausübt. Von der Entwicklung der Handschwingen, die schon im Ei beginnt, bis zur Beendigung der Jugendmauser vergehen 13 Wochen. Verliert die Henne ein schon angebrütetes Gelege, so legt sie nicht mehr nach. Sie ist daher sehr vorsichtig mit dem Brutbeginn und läßt das Nest mit dem Gelege erst einige Tage offen liegen. Wird es nicht entdeckt, beginnt sie mit dem Brüten und deckt ab dann beim Verlassen des Nestes (so ihr die Zeit dazu bleibt) die Eier mit Halmen ab. Mit dem lebensnotwendigen Staubbad beginnen die Küken, schon um den Brutstaub aus dem Gefieder loszuwerden, wie später den Mauserstaub oder die Parasiten. Unser Wild ist Standwild, so sehr, daß sich im schneereichen Winter 78/79 die letzten Hühner unseres Revieres mitten im Dorf aufhielten, um nicht von Habicht und Bussard geschlagen zu werden. Es half nicht, die Greifvögel folgten. So sehr auch die Umstellung der Landwirtschaft – unser Wild lebt in den ersten Wochen fast ausschließlich von Insekten und benötigt niedrige Winterdeckung auf dem Felde – unseren Rebhühnern Abbruch tut, wir würden immer noch bejagbare Reste erhalten können, wenn wir nicht die generelle Greifvogelschonung hätten. Unser Rebhuhn wird in freier Wildbahn selten älter als 2–3 Jahre. In Volieren erhielt ich von vierjährigen Hennen noch über vierzig gut befruchtete Eier. Die Vögel sind auf Wasser angewiesen. Taut es nicht zur Genüge, so suchen sie Tränkstellen auf. Die Eltern führen beide. Die erwachsenen Küken des Volkes sind im ersten Winter auf die Führung wenigstens eines Elternteiles angewiesen. Die Bejagung muß auf diese Tatsache Rücksicht nehmen (siehe BEHNKE, Jagdbetriebslehre, Verlag Paul Parey). Schon ab Spätherbst übernehmen auch die erwachsenen Küken einmal das Wächteramt, wenn sich das Volk auf der Äsung ausbreitet. Die Führung des Volkes, d. h. das Bestimmen des Äsungs-, Deckungs- und Übernachtungsplatzes, bleibt jedoch bis zur Auflösung eindeutig dem Elternpaar überlassen. Bei der Wahl des Übernachtungsplatzes auf dem Erdboden draußen im freien Feld tritt dies besonders in Erscheinung.

Grundsätzliches der Rebhuhnhege

Das Rebhuhn, unterscheidet sich in seinen Gewohnheiten wesentlich vom vorher besprochenen Fasan. Es lebt paarweise, hat einen ausgesprochenen Familiensinn, hält zusammen und verkümmert, wenn es allein ist. Alles Dinge, die der Fasan nicht kennt. Er strebt laufend auseinander, und das Rebhuhn strebt immer zueinander. Gewiß behauptet das Paar seinen Lebensraum und duldet keine Artgenossen in seinem eigenen, eng begrenzten Bezirk. Passiert diesen jedoch etwas, und die Kinder werden elternlos, so nimmt sich der soeben noch feindliche oder auf seinen Lebensraum bedachte nachbarliche Freund ihrer an. Es gibt bei Rebhühnern im Gegensatz zu den Fasanen bis zu einem bestimmten Alter keine Waisenkinder, die abgebissen werden. Dieser

Sinn füreinander und diese Sorge umeinander bei den Rebhühnern erleichtern dem Jäger die Hege, wenn er nur darauf eingeht. Hier liegt tatsächlich auch der Grundstock der Hege.

Es steht fest, daß die Küken in den ersten Tagen auf Insektennahrung angewiesen sind. Ich möchte daher, bevor wir uns die einzelnen Lebensabschnitte ansehen, alle die es angeht, bitten, auf die Insektengifte zu achten. Es ist für mich ohne jeden Zweifel, daß die Schädlingsbekämpfungsmittel Feind Nr. 1 für alle insektenäsende Tierwelt werden müssen. Sicherlich wäre es nicht so schlimm, wenn alles das durchgeführt würde, was die Firmen betreffs dieser Gifte anordnen. Leider aber sind die Bauern, die mit diesen Giften umgehen, keine Apotheker. Jeder Fasaneriebetreuer weiß, wie außerordentlich empfindlich Jungfasanen gegen Milbenmittel und alle Mittel, die es gegen Ungeziefer gibt, sind. Sie sterben unweigerlich, wenn man kurz vor der Schlupf die Henne mit irgendwelchen Ungeziefermitteln einstäubt, selbst wenn man bis zwei Wochen nach dem Schlupf die Henne damit bearbeitet, unter der sie hudern. Bei Herausgabe der vierten Auflage dieses Buches hat das Agrarland Dänemark als erstes Land der Welt DDT-Mittel verboten; andere Länder wollen dem Beispiel folgen. Deutschland ist inzwischen gefolgt.

Als weitere Gründe für die Abnahme unserer Rebhühner werden gewöhnlich das Wetter und die intensive landwirtschaftliche Bearbeitung unseres Bodens angeführt. Letztere ist dem Rebhuhn nicht so sehr Feind wie den anderen, mehr an die Deckung gebundenen Wildarten, wenn man nur im Winter ein wenig nachhilft. Je weniger Deckung vorhanden ist, je mehr wirkt sich die ungünstige Witterung aus. Der Feind Nr. 2 für unsere Rebhühner sind die Unkrautvernichtungsmittel. Seitdem das Unkraut totgespritzt wird, geht dem Rebhuhn die Grundlage seiner Ernährung verloren. Zumal jede Stoppel heute im Herbst geschält wird. Die Mähmaschine steht damit erst an 3. Stelle der gefährlichen Feinde unserer Rebhühner. Aber immer noch vor Raubwild und Raubzeug, wenn wir diese einregulieren dürfen.

Nur wenn wir im Frühjahr ein reges Leben und Treiben unter den Rebhühnern feststellen, wenn wir Kämpfe beobachten, wenn wir aufgeregtes Rufen hören, dann können wir sagen, unser Rebhühnerbesatz ist gesund und hat zugenommen. Hüllen sich unsere kleinen Vögel während des Märzes in Schweigen, ist unser Rebhühnerbesatz geringer geworden, denn die Ehe wird für mehrere Jahre, wahrscheinlich fürs Leben geschlossen. Ein Kampf um die Plätze findet nur dann statt, wenn mehr Paare in unserem Revier vorhanden sind als im Vorjahre. Somit sagt uns der Balzmonat eindeutig, ob unser Rebhuhnbesatz sich vermehrt hat oder ob er zurückgegangen ist.

Die natürlichen Feinde des Rebhuhns fallen neben den anderen eben genannten drei Hauptfeinden nicht so sehr ins Gewicht, wie man allgemein

Köpfe vom Rebhuhn, nach der Natur gezeichnet. a. alter Rebhahn, b. alte Rebhenne, c. junger Rebhahn (umgemausert), d. junge Rebhenne (umgemausert), e. ganz junges Rebhuhn vor der ersten Mauser, f. ganz junges Rebhuhn, g. alter Rebhahn, h. alte Rebhenne. (Aus HABERMEHL u. HOFMANN, 1963)

annimmt, es sei denn, man vernachlässigt die einfachsten Hegepflichten. Diese einfachsten Hegepflichten sind: Die Wiesel kurzhalten. Dachs und Fuchs in der Feldmark kurzhalten. Auf überwinternde Bussarde und Habichte in schneereichen Wintern achten, wenn die Rebhühner schwach sind. Krähen, Elstern, Katzen und Hunde im Revier nicht dulden. Die Hühner können im Gegensatz zu den Fasanen erfrieren. Sie brauchen deshalb im Winter so viel Deckung, daß sie vor den schärfsten Winden geschützt sind. Sie brauchen so viel in den Kropf, daß ihnen das Mindestmaß an Wärme aus der Nahrung gegeben wird. Beides finden sie nicht auf kahlen, weiten, beschneiten Kultursteppen. Hier muß der Heger helfen. Die Deckung, die das Rebhuhn noch annehmen könnte, sei es ein naher Waldrand, Gebüschstreifen oder Grabenrain, muß von Feinden freigehalten werden, sonst wird sie zur Falle für das Rebhuhn. Hier haben die Waffe und Falle des Jägers das zu ersetzen, was den Feinden des Rebhuhns an natürlichen Feinden fehlt. Eine der besten Hilfen für das Rebhuhn ist die Einsaat von bitterer Lupine, wenn die Stoppel geschält wird. Diese wird oft noch kniehoch und ist nicht nur für die Rebhühner, sondern für alles Niederwild eine ideale Deckung und Äsung für Notzeiten.

Man nehme ruhig *bittere* Lupinen. Der Jäger kaufe die Saat, der Bauer bringe sie ein; beide haben Vorteile, denn die Lupine ist Stickstoffsammler. Nimmt der Frost ihr die Bitterstoffe, so wird sie auch geäst. Auf diesem Schlag folgt in der Regel im Frühjahr Hackfrucht, er wird also im Frühjahr gemistet und tief gepflügt, so daß die Lupine nicht stört.

Druschabfall, Kaff- und Spreuhaufen werden schon seit hundert Jahren in jeder Literatur über unser Flugwild als bestes Winterfutter erwähnt. Wo aber findet man sie? Dabei ist es das wenigste, was getan werden kann, allen im Dorf anfallenden Druschabfall ins Revier hinauszufahren an möglichst viele Plätze. leider ist der Druschabfall heute oft ohne Unkrautsamen, da die Unkräuter, die wir sachlicher „Wildkräuter" nennen sollten, durch Behandlung mit Hormonmitteln sich totwachsen, ehe sich der Samen entwickeln konnte. Ich muß daher Körnerfutter und ölhaltige Saat, z. B. Raps, hineinstreuen. Auch der Mähdrescher sorgt dafür, daß wir keinen Druschabfall mehr bekommen. Unter Umständen müssen wir uns mit gehäckseltem Stroh als Fütterungsgrundlage begnügen, in das alles andere eingebracht werden muß.

Ich werde immer wieder die Beobachtung machen, daß aus irgendwelchen unerfindlichen Gründen die Rebhühner die Spreuhaufen annehmen, die ich für vollkommen falsch plaziert hielt. Vielleicht ist gerade dieser Spreuhaufen der einzige, der wirklich wieselsicher ist oder eine rasche, durch Wind und Geländeverhältnisse bedingte Abstreichmöglichkeit vor angreifenden Raubvögeln gibt. Werden diese Spreuhaufen im Oktober in die Reviere gefahren, so sind sie im Winter gut durchgeregnet und entwickeln dadurch Eigenwärme.

Trotzdem ist es gut, wenn ich über einige einen Jauchewagen voll Wasser auslaufen lasse, um die Wärmeentwicklung zu fördern und im Winter schneefreie Fütterungen zu haben.

Alle *überdachten Rebhuhnfütterungen,* wie wir sie oft in Büchern und Zeitschriften abgebildet finden, sind *grundfalsch.* Sie sind entstanden, als es erlaubt war, auf den Kopf der Fütterung ein Pfahleisen zu stellen, und damals hatten sie ihre Berechtigung. Heute müssen wir die Fütterungen dort bauen, wo kein Greifvogel einen Ansitzplatz findet, und so bauen, daß sie nicht zur Falle werden. Mit Spitzdach versehene Niederwildfütterungen gibt es nur im Walde.

Das Rebhuhn steilt niemals auf, wie es der Fasan oft tut, es nimmt im flachen Abstreichen sofort Fahrt und Schwung. Der Greifvogel braucht einen höheren Sitz als Ausguck und zum raschen Schwungnehmen im Fall. Das Rebhuhn ist deshalb in einem Gelände ohne solche „Ansitze", aber mit niedrigster Deckung (vorjähriges Gras, Lupine) als Schutz gegen den schnell erkannten streifenden Raubvogel am sichersten. Will ich den Haufen aus Spreu und Druschabfall draußen im Feld besonders als Fütterung herrichten, so baue ich rundum einen Schneefang. In 10 m Entfernung um den Haufen werden niedrige Zweige so im Boden verankert, daß sie den Treibschnee in einer Wehe halten. Unregelmäßig verteilte niedrige Strauchhaufen (locker und nie höher als 40 cm), in denen auf Zwangpässen geschickt eingebaute Fallen stehen, vervollständigen die Fütterung. Unter locker geschichtete Dornsträucher kann ich Futter schütten. Das Rebhuhn geht hinein, die Krähe nicht.

Wer auf diese Grundsätze achtet und auf die Rettung der ausgemähten Gelege bedacht ist, der hat auch Rebhühner im Revier!

Die Großaufzucht

In Fasanerien wird heute oft die Großaufzucht mitbetrieben. Da die Handhabung unseres familiengebundenen Rebhuhnes schwieriger ist als die der Fasanen, sehe sich jeder, der eine solche anlegen will, erst eine Musteraufzucht an. Die Anlage einer Rebhuhnfarm, wie sie nachfolgend beschrieben wird, kommt auch heute noch den Wünschen der Hegeringe oder einzelner Revierinhaber mehr entgegen und soll daher ungekürzt stehenbleiben. Dabei ersetzt Fertigfutter (s. S. 95) die schwierigen Futtermischungen. Ich empfehle jedem Anfänger eine Beratung durch die Fasanerie Mittelstendorf bei Soltau in Niedersachsen.

Die Rebhuhnfarm

Da eine solche Einrichtung m. E. für Deutschland kaum in Frage kommt, sei sie hier nur kurz beschrieben. Meines Wissens begannen die Dänen damit, und die Schweden sind ihnen gefolgt. Die Rebhuhnfarm braucht weitaus mehr Platz und Ruhe als die Fasanerie. Um dieselbe Menge Hühner wie Fasanen zu ziehen, ist mehr als das Dreifache an Einzäunung und Platz nötig. In einer der einsamsten Landschaften im schwedischen Schonen besichtigte ich eine solche Rebhuhnfarm, die selbst dort ringsum durch Tafeln mit der Beschriftung „Betreten verboten" abgesperrt ist.

Um alle Boxen und Volieren läuft eine 80 cm hohe Holzwand, damit den Tieren die Sicht von einer Voliere zur anderen genommen ist. Jedes dritte Jahr bleiben die Volieren leer. Die Zuchttiere werden zu je 30 in Volieren 40 × 60 m überwintert. Weiter geschieht die Überwinterung dort auf Dachböden, die mit Sand bestreut sind und durch Reiser und Draht volierenartig gestaltet wurden.

Die Auswahl der Paare, die besonders wichtig ist, geschieht aus der großen Voliere, in der 30 Hühner sind. An ihrer Längsseite befinden sich kleinere Legevolieren (6 × 12 m), die durch Klappen mit der großen Voliere verbunden sind. Wenn die in der großen Voliere befindlichen Hühner verpaart sind, Anfang bis Ende März, werden diese Klappen geöffnet. Die Henne nimmt diese Schlupflöcher schnell an, und der zugehörige Hahn folgt ihr. Sind beide durch, schließt der beobachtende Heger die Klappe. Das Paar bleibt in dieser Voliere, die mit Huderdach, etwas Heide oder ähnlicher Deckung und einem Stück Roggensaat ausgestattet ist. Ist das erste Gelege vollzählig und die Henne will brüten, wird es entnommen und dann das zweite oder gar erst dritte Gelege in dieser Voliere erbrütet und aufgezogen. Eine andere Art der Eiergewinnung geschieht in transportablen Legeboxen. Hier werden dem Rebhuhn 20 Eier abgenommen, bevor es in die Voliere kommt, um ein Gelege zu erbrüten. Die Lege- und Aufzuchtvolieren werden immer von demselben Heger betreut, der seine Tiere, ohne daß diese ihn viel bemerken, versorgt. Die Befruchtung beträgt durchweg 85%. Im Gegensatz zur Fasanenhenne brütet die Rebhenne auch in der Gefangenschaft. Ich habe in den letzten Jahren in den unter Abb. 16 gezeigten Boxen Rebhühner legen lassen. Aus verschiedenen Völkern habe ich Hahn und Henne mit Hand verlobt, das heißt, einfach in eine solche Box zusammengesperrt. Mit dieser Handverlobung hatte ich jedoch nur Erfolg bei aufgezogenen Völkern, *nie* bei Wildfängen. Und auch bei den selbstaufgezogenen gab es immer wieder einige, die einen anderen Partner wollten. Ich lasse dann die Paare, die sich nicht vertragen, alle in eine große Voliere, damit sie sich ihren Partner selber suchen. Es sind in der Regel nicht

Abb. 39. Rebhuhnüberwinterung mit Stallanschluß

Abb. 40. Legeboxen in der Großaufzucht

mehr als drei Paare von zehn. In der zweigeteilten Box ist auf einer Seite eine Dunkelecke. Die Befruchtung betrug 1967 erstmals 95% bei laufend abgesammelten Eiern. Fasanenmeister Schulz in Mittelstendorf hat gleich gute Ergebnisse bei aufgezogenen Rebhühnern in noch kleineren Legeboxen.

Die geernteten Eier werden genauso erbrütet wie in einer Fasanerie, nur daß man hier ausschließlich Zwerghühner nimmt. Sind die Küken geschlüpft, kommen sie auf die Wiese in den Aufzuchtkasten. Hierin verbleiben sie mit ihrer Henne. Der Aufzuchtkasten hat Netz oder Drahtdach und wird täglich versetzt. Die Wiese muß unbedingt trocken sein. Da die Küken, ganz im Gegensatz zu den Fasanen, gerne zusammen laufen, ist dieses Getrennthalten der Völker selbst bei größeren Aufzuchtmengen das beste.

Die Hühner werden im Herbst oder im Frühjahr abgegeben. Die im Frühjahr zum Aussetzen Bestimmten werden zum Teil auf einen trockenen Dachboden oder in trockenen Ställen mit Kiesauslauf, wie beschrieben, überwintert. Die Überwinterung in Volieren kostet im feuchten Schleswig-Holstein oft Verluste. Wasser muß immer so gereicht werden, daß die Küken oder erwachsenen Vögel nicht in die Näpfe koten können. Schnee entzieht dem Körper Minerale, daher reicht Schnee nicht als Wasserersatz. Rebhühner erfrieren leichter als Fasanen. Die Überwinterung in gewissem Abstand über dem gewachsenen Boden gelang sogar auf nacktem Eternit hundertprozentig. Für die Aufzucht von 1000 Rebhühnern werden 180 Herbsthühner zurückbehalten. Nur die gesündesten und am besten verlobten Paare werden dann für die Nachzucht genommen. Die Fütterung der Küken *in der Rebhuhnfarm* ist folgende: Sie erhalten in Großaufzuchten bis zur zehnten Woche „Putenstarter". In den ersten vierzehn Tagen wird die Körnung zertrümmert (grob gemahlen). Ab der zehnten Woche gibt es „Junghennen-Alleinkorn" mit Zugabe von Weizen. Die Küken werden vom ersten Tag an täglich auf kurzer Wiese in ihrem Aufzuchtgatter (s. S. 50) weitergerückt. Frisches Grün bleibt auch in der Überwinterungsvoliere wichtig. Rüben sind Ersatz. Die Vögel bekommen dort ebenfalls „Junghennen-Alleinkorn" mit Weizen und zusätzlich Drusch- und Saatreinigungsabfälle. Die Legevögel erhalten „Legefutter für Zuchttiere". Einige Firmen liefern es ohne Körnerfutter, so daß dann ⅓ Körnerfutter zugegeben werden muß. Die Aufzucht der Küken ist einfach und die alte Methode heute durch käufliche Aufzuchtfutter weitgehend ersetzt worden. Jedoch sollte man, um den Küken in der ersten Zeit Lebenskraft zu geben, auf Lebendeiweiß nicht verzichten. Hier auch am besten Mehlwürmer.

Wir haben in Schleswig-Holstein unsere Versuche, die Eiablage der Rebhühner lohnend zu gestalten, abgeschlossen. In fünfjähriger Arbeit haben wir alles, was an Überwinterung, Verlobung und Eiablage zu erreichen ist, ausprobiert. Der Landesjagdverband kann dadurch den Jägern jagdliche Starthilfe für die Rebhuhnaufzucht geben. Es wird aber wohl immer mehr oder weniger bei der Rettung ausgemähter Gelege bleiben.

Inzwischen hat sich gezeigt, daß die Aufzucht im Großen lohnend ist, da die Eier im Apparat gut zu erbrüten und die Küken künstlich gut aufzuziehen sind.

Kükenaufzucht aus geretteten Gelegen

Alles, was über die Rettung der Fasanengelege gesagt wurde, besonders das Auffinden, gilt auch für die Rebhuhngelege. Mehr noch als die Fasanen sind die Rebhühner dem Ausmähen ausgesetzt, da sie noch häufiger ihr Gelege in dem ersten hohen Grün unterbringen. Genau wie die Fasaneneier sind auch die Rebhuhneier sehr empfindlich gegen Stoß, wogegen ihnen ein Erkalten so wenig schadet wie jenen. Finde ich einen Tag nach dem Mähen ein ausgemähtes Gelege und es erscheint mir kalt und tot, sollte ich trotzdem versuchen, es ausbrüten zu lassen. Leider ersetzt das Rebhuhn zerstörte Gelege nicht bis in den Juli hinein, wie es der Fasan tut. Wird das Rebhuhngelege nach 10 bis 14 Tagen Bebrütung zerstört, so wird es in der Regel nicht mehr ersetzt.

Wer in seinem Revier Gelege retten will, muß jedoch Zwerghühner bereithalten. Die japanischen Seidenhühner, die Zwergwyandotten, die Mövchen oder Mischungen aus all diesen sind ausgezeichnete Brüter. Man kann einem dieser Hühnchen, das schon drei Wochen zur Probe auf irgendwelchen Eiern gesessen hat, Rebhuhneier unterlegen, die noch 14 Tage bis zur Schlupf brauchen. Selbst ganz frische Rebhuhneier können einem Zwerghuhn, das schon 14 Tage sitzt, untergegeben werden, und es wird sie gut ausbrüten. Ich erlebte es immer wieder, daß Zwerghühner dreimal mit kurzer Unterbrechung ohne irgendwelche Komplikation Gelege zum Schlüpfen bringen.

Wer es sich leisten kann, wird Brutkästen, wie wir sie auf Seite 73 bei den Fasanen beschrieben haben, bauen und in ihnen auf natürlich gewachsenem Grasboden die Rebhuhngelege zum Schlüpfen bringen. Die Nestmulde ist etwas tiefer und etwas mehr ausgepolstert als bei Fasanen. Es wird so viel weiches Heu hineingelegt, wie zur Bedeckung des Bodens nötig ist. Ein Schieren der aus der freien Wildbahn kommenden Eier ist unnötig und stört nur die Brut. Die Henne wird jeden Morgen abgenommen, wie das bei den Fasanen im Kapitel „Wildfasanerie“ beschrieben wurde, in den ersten Tagen, wenn es sich um ein frisches Gelege handelt, nur bis zu 10 Minuten, späterhin bis zu 20 Minuten. Die Rebhuhneier brauchen nicht so viel Feuchtigkeit wie die Fasaneneier. Wird der Brutplatz wie bei den Fasanen feucht gehalten, erübrigt sich ein Spritzen der Eier.

Am Schlupftag, dem 24. der Brut, ist jede Störung zu vermeiden. Erst, wenn die Küken ihr trockenes Köpfchen unter der Henne hervor zeigen, werden Henne und Volk in die Aufzuchtbox gegeben. Die Aufzucht der Rebhuhnküken ist *leicht,* jedenfalls nicht besonders schwierig, auf keinen Fall schwieriger als die Aufzucht von Fasanen. Wer die *Aufzucht* genauso vornimmt, wie sie hier beschrieben wird, kann kaum Verluste erleiden. Alles, was in diesem Büchlein gesagt wurde, ist erprobt und bedarf keiner weiteren Experimente. Hat ein Zwerghuhn die Küken zum Schlüpfen gebracht, so wird es in der Regel auch gut führen. Die besten Aufzuchtergebnisse erhalten wir, wenn die Henne nicht in einem Aufzuchtkasten eingesperrt wird, sondern sich in einer etwas größeren Box frei bewegen kann. Diese Box (s. Abb. 18), die wir ausprobiert haben, ist 2 × 2 m und besteht aus leichten Brettern. Es genügt eine Höhe von 50 cm. Dies Gestell läßt sich an einigen Griffen leicht versetzen und hin- und herschieben. Es müssen undurchsichtige Wände sein, damit sich die Henne mit ihren Küken nach innen konzentriert und nicht immer, wie bei einer durchsichtigen Wand, nach außen strebend entlang läuft. Eine Ecke dieser Box ist mit Dachpappe abgedeckt als Regenschutz. Das Ganze ist mit einem Heringsnetz überzogen, wie man es z. B. bei der Fischereigesellschaft in Bremen-Vegesack oder in der Netzfabrik in Itzehoe kiloweise gebraucht und billig kaufen kann. Diese Box steht am besten auf nicht zu feuchtem kurzen Rasen und wird täglich zweimal weitergerückt. Damit haben Henne und Küken genügend frischen Boden unter den Ständern.

Der hier beschriebene Aufwand der Aufzucht lohnt sich nicht für ein oder zwei Völkchen, es sei denn, man hat jemanden, der Zeit und Spaß daran hat. Ansonsten mache man es, wie ab Seite 96 beschrieben.

1. und 2. Tag. Die Küken bekommen in den ersten 24 Stunden kein Futter, dann fast dasselbe wie die Jungfasanen: frische, zarte Schafgarbe mit gekochtem *Eigelb* gemischt, beides fein gewiegt, dazu das Fertigfutter (s. S. 93). Da Henne und Küken in ihrer kleinen Box frei laufen, geben wir dieses Futter auf einem reichlich groß bemessenen Futterbrett (15 × 40 cm), auf das wir das Futter weit verteilt streuen. Würden wir das Futter auf ein kleines Futterbrett geben, hätte die Henne mit wenigen Happen das meiste aufgepickt, und wir müßten zu oft füttern. Dazu gibt es in flachen, mit Steinen beschwerten Schalen, in denen die Küken nicht ertrinken können, frisches, niemals abgekochtes Wasser, am allerbesten aus einem nahen Teich oder Graben, keineswegs aus einer Wasserleitung oder einem tiefen Brunnen, die uns tiefkühles Wasser liefern, mit dem wir aber die Küken erkälten würden. Das Wasser muß die Temperatur der Luft haben.

2. Lebenswoche. Am 8. Tag setzt sich das Futter aus einem Drittel Ei mit Schafgarbe und zwei Dritteln Fasanenweichfutter oder Fertigfutter zusammen. Haferflocken, Küken-Alleinkorn und Kükengrütze stehen jetzt immer zur Verfügung. Die Mehlwürmer werden in die Box hineingestreut, aber der aufmerksame Pfleger wird die Gabe so verteilen, daß sichtbar alle Küken davon abbekommen. Vom 8. Tag an können wir fünf Mehlwürmer pro Küken geben und die Zahl dann noch erhöhen, ohne zuviel davon zu füttern. Geben wir sieben Mehlwürmer pro Küken am Tag, können wir die Eifütterung einstellen. Rücken wir die Box oft, so erübrigt sich auch die Schafgarbenfütterung. Wer sehr viel Ameisenpuppen (Sandameisen) zur Verfügung hat, kann sie selbstverständlich zufüttern, sie sind ein ausgezeichnetes Rebhuhnkükenfutter, aber es muß durchaus vermieden werden, daß dadurch die letzten in der Gegend noch vorhandenen Ameisenbauten zerstört werden. Der Boden ist sauber, wenn zweimal täglich weitergerückt wird. Fasanenweichfutter wird so viel gegeben, wie Küken und Henne in 10 Minuten aufgenommen haben. Haferflocken, Alleinkorn und Kükengrütze stehen dauernd zur Verfügung, die Mehlwürmer werden zwischendurch gereicht.

3. bis 7. Lebenswoche. Bei dieser Futterzusammenstellung sind die Küken in der dritten Woche voll flugfähig und reif zum Aussetzen. Will jemand die Rebhühner jedoch später in Volieren halten, so läßt er das Volk bis zur 6. oder 7. Lebenswoche in der Aufzuchtbox. Nur muß man von der dritten Lebenswoche an die Aufzuchtbox nicht zweimal, sondern dreimal und später noch öfter weiterrücken. Je häufiger dies geschieht, um so besser gedeihen die Küken. Die kostspielige Mehlwurmfütterung kann nach und nach unterbleiben. Dafür vermehren wir Haferflocken und Alleinkorn und bieten in Samen stehende Wildkräuter an. Weiter ist der Hudernapf unerläßlich. Jeder Pfleger wird selbst die Beobachtung machen, daß die Küken und auch später die größeren Rebhühner zuerst in den Hudernapf stürzen, ehe sie an das Futter gehen, wenn beides längere Zeit nicht gereicht wurde.

Nach der 6. oder 7. Woche kann das Volk in die Voliere kommen. Werden die Hühner farmmäßig gezogen, wie ich schon bei der Rebhuhnfarm beschrieben habe, müssen sie mindestens mit der 5. Woche eingesperrt werden. Die Volierenhaltung hat zu geschehen, wie in Abb. 39 gezeigt wird.

Ich habe nur ein oder zwei Gelege

Wer zufällig ein Gelege bekommt und retten will, braucht nicht immer erst eine Aufzuchtbox zu bauen. Vorausgesetzt, er hat das geeignete gut brütende Zwerghuhn, so kann er es in den Hausgarten setzen, wie bei den Fasanen (s. S. 43) beschrieben. Bei den Rebhühnern kann er im Gegensatz zu den Jungfasanen aber die Henne mitsamt dem Volk von Anfang an dort frei laufen lassen. Eine Umgitterung in den ersten Tagen ist nicht nötig, *denn die Rebhuhnküken halten sich sehr eng an ihre Pflegemutter.* Er muß nur für die Fütterung während der drei ersten Tage sorgen, die er dort vornimmt, wo er die Henne während der Brut gefüttert hat. Bei freiem Auslauf wird er schon am 2. Tag nach der Schlupf kaum etwas zufüttern müssen, sondern er wird es nur tun, um der Pflegemutter den Begriff des Zuhauseseins zu erhalten, damit sie sich nicht zu weit entfernt.

Die Rebhühner lassen sich bei gleicher Fütterung mit einer künstlichen Glucke sehr gut aufziehen. Die künstliche Glucke wird in die Aufzuchtbox gestellt. So gezogene Rebhühner werden außerordentlich zahm und sind eine stete Freude. Ich hatte Völker, die meine Stimme weit erkannten und spornstreichs angestrichen kamen.

Verschiedene Methoden des Aussetzens

Wegen des großen Familiensinnes gibt es bei den Rebhühnern im Gegensatz zu den Fasanen keine abgebissenen Küken. Auf die Kenntnisse dieses Gemeinschaftssinnes bauen wir die Möglichkeiten des Aussetzens.

Da gibt es als erstes für den Jäger, der keine Zeit und keine Gelegenheit hat, sein Volk bis zum Dreiwochenalter großzuziehen, die Möglichkeit, dieses sofort nach dem Schlüpfen ins Revier zu bringen. Dazu muß er sich allerdings einen Aufzuchtkasten (s. Abb. 36) bauen. Vorsichtshalber baut er sich gleich zwei oder drei, falls mehrere Gelege anfallen. Sobald das geschlüpfte Jungvolk trocken ist, wird es in ein kleines Körbchen gepackt und mit einem Tuch bedeckt. Die Glucke kommt in einen Sack, und mitsamt dem Aufzuchtkasten geht es hinaus ins Revier. Dort, wo ich den Lebensraum eines Rebhuhnpaares weiß, stelle ich den Aufzuchtkasten ab. Ich gebe die Henne und die Küken hinein und setze den Tag- und Nachtschieber vor. Es empfiehlt sich, die Küken und die Henne wenigstens einen Tag mit vorgeschobenem Nachtschieber im Aufzuchtkasten zu lassen. Am nächsten Tag kann ich den Nachtschieber herausziehen, so daß die Küken auslaufen können, die Henne aber drinnen bleiben muß, weil der Tagschieber sie hindert. Der Nachtschieber muß abends wieder vorgeschoben werden, damit Henne und Volk nachts ruhig sitzen. Es darf nicht zu früh geschehen, damit auch alle Küken unter der Henne sitzen, und der Schieber muß morgens rechtzeitig wieder weggenommen werden. Bei den Rebhuhnküken ist die Gefahr des Ausgesperrtwerdens nicht so groß wie bei den Fasanen. Die Rebhühner hudern zeitiger und geschlossener unter der Henne. Futter und Wasser werden wie bei der Aufzucht beschrieben gereicht. Ich werde, da sich das Volk weit draußen im Revier befindet, nur Fertigfutter und Wasser reichen. Sind die Küken entgegen aller Voraussicht am 3. Tag noch nicht angenommen, muß ich den Aufzuchtkasten weiterrücken, um dem Kükenvolk neue Äsungsfläche zu geben. Früher haben wir diese Aufzuchtkästen in den nächstbesten Kartoffelschlag gesetzt, von dem wir wußten, daß Hühner drin sind. Heute muß davor gewarnt werden, denn in einen begifteten Kartoffelschlag die Küken zu setzen, bedeutet ihren Tod. Habe ich den Platz richtig gewählt, d.h. bin ich in den Lebensraum eines Rebhuhnpaares hineingekommen, so wird es in allerseltensten Fällen mehr als zwei Tage dauern, bis die Küken von der Rebhenne oder dem Rebhahn gelockt und angenommen sind, die diese Küken als verlassen betrachten.

Jedoch hat diese Art des Aussetzens, die außerordentlich vorteilhaft erscheint, auch ihre Gefahren. Der Kasten wird gesehen, wenn er nicht sehr geschickt aufgestellt ist. Er ist etwas Auffallendes im Gelände, das allen vorüberstreichenden Menschen, Greifvögeln und Krähen der Untersuchung wert erscheint. Wenn also die Küken nicht sehr schnell angenommen werden, werden über kurz oder lang trotz aller Vorsichtsmaßregeln Verluste eintreten, denn die kleinen Dinger sind noch zu unselbständig. Die Hauptmaßnahme gegen alles Haarraubwild und Haarraubzeug ist das Besprengen der Umgebung des Kastens in 10 bis 15 Meter Entfernung mit Petroleum oder Hirschhornöl. Gegen die gefiederten Räuber allerdings hilft das nicht. Alle Scheuchen, die wir bei Rebhuhn- und Fasanenfütterung anbringen können, sind hier unangebracht, denn sie würden auch das Rebhuhnpaar, das die Küken annehmen soll, zurückhalten. Wenn ich also nach zwei Tagen merke, daß meine Küken nicht angenommen sind, stelle ich sie um und versuche es noch einmal. Klappt auch das nicht, hole ich sie lieber heim und ziehe sie bis zum Dreiwochenalter auf. In 90 von 100 Fällen allerdings, wenn der Platz richtig gewählt ist und Rebhühner im Revier sind, werden sie auch angenommen. Wie sehr die Rebhühner auf die Betreuung von Küken versessen sind, mag folgendes Erlebnis zeigen: Ich hatte ein wildes Rebhühnerpaar mit Küken auf der Aufzuchtwiese der Fasanen. Immer wieder versuchte der Rebhahn, wenn die Henne führte, an einem Aufzuchtkasten Jungfasanen zu sich zu locken, und verlor bei seinem Eifer, ebenfalls führen zu wollen, alle Scheu vor uns.

Nun zur zweiten Art des Aussetzens. Habe ich die Hühner am Hause in der Aufzuchtbox zum Dreiwochenalter gebracht, so sind sie aus dem Gröbsten heraus und flugfähig und können sich, wenn sie nicht sofort angenommen werden sollten, schon einige Tage im Revier behaupten. Ich halte das *Dreiwochenalter für den gesündesten Zeitpunkt des Aussetzens.* Es geschieht im Gegensatz zu den Fasanen in den *Morgenstunden.* Vor der Dämmerung wird der Transportkorb dorthin gestellt, wo Hühner sind, die Seitenklappe geöffnet oder der darüber gehängte Sack zurückgeschlagen. Der Korb muß so stehen, daß die Küken nicht hinausfliegen können, sondern hinauslaufen müssen. Dann geht man fort und überläßt sie sich selbst. In den seltensten Fällen wird es nun länger als 24 Stunden dauern, bis die Hühner angenommen werden, denn sie haben noch den ängstlichen Kükenton, werden noch voll als Küken betrachtet und von dem dort befindlichen Paar als solche in ihrem

Reich geduldet und adoptiert. Sind die Küken 4 bis 5 Wochen und älter, werden sie sehr oft vom Standortvolk schon als selbständige Hühner betrachtet und abgebissen. Will ich, daß die Küken im Revier noch angenommen werden und sich einem Volk zugesellen, so darf ich sie nicht später als im Drei- bis Vierwochenalter aussetzen.

Gut ist es, wenn vor die Seitenklappe etwas Futter gestreut wird, das die Hühner kennen, damit sie sich dort etwas aufhalten. Der Korb muß immer so in Deckung stehen, daß sie sich beim Verlassen in Sicherheit fühlen. Das beste ist also das Hineinstellen eines Korbes in einen Kartoffelschlag *(unbegiftet)* oder in ein Korn- oder Rübenfeld. Das Aussetzen in der dritten Lebenswoche ist in Revieren, in denen Rebhühner vorhanden sind, darauf mache ich besonders aufmerksam, das sicherste. Jeder wird im Herbst bei der Hühnerjagd dort, wo er die Hühnchen ausgesetzt hat, die stärksten Völker feststellen können. Ich darf dabei erwähnen, daß ein Volk, vielleicht um den lebensnotwendigen Wachwechsel im Winter durchführen zu können, nach meinen Beobachtungen eine Mindestzahl von acht bis zehn Hühnern aufweisen muß.

Die beiden eben beschriebenen Arten des Aussetzens sind nur dort zu wählen, wo sich Rebhühner im Revier befinden. In allen anderen Revieren sind sie nicht möglich. Sie müssen mit *Paarhühnern* bevölkert werden. Diese bringe ich natürlich erst dann ins Revier, wenn die größte Wintergefahr vorbei ist und ich annehme, daß sie irgendwelchen Gefahren nicht mehr ausgesetzt sind. Ich überwintere also meine gezogenen Hühner in einer Voliere, an die ich eine kleine Box 3×3 m mit einer Klappe zur Voliere baue. Wie bei der Rebhühnerfarm (s. S. 91) beschrieben, fange ich die einzelnen Paare heraus. Ich muß eine Schnur an die Klappe binden und sie aus der Deckung heraus aufziehen. Läuft eine Henne hindurch und der zugehörige Hahn folgt, muß ich schnell schließen, dann habe ich ein passendes Paar zusammen. Das geht natürlich nur, wenn ich mehrere Völker in den Volieren habe, da sie sich innerhalb eines Volkes nicht paaren.

Diese Paare kommen hinaus ins Revier, wobei ich mir die günstigsten Revierteile, d.h. das für Hühner geeignete Gelände aussuche. Ich werde diese erwachsenen Hühner nicht wie Fasanen in den späten Abendstunden hinausbringen, sondern in den frühesten Morgenstunden. Hühner baumen nicht auf und müssen bis zur Nacht einen sicheren Platz für die Nachtruhe finden.

Ich nehme ein Hühnerpaar mit dem Transportkorb hinaus, gehe an einen Schlag, der schon einigermaßen Deckung verspricht, stelle das Körbchen im ersten aufkeimenden Licht hin, öffne die Klappe und gehe fort, nachdem ich davor ein wenig Futter gestreut habe, denn in den frühen Morgenstunden sind die Vögel hungrig und werden sich eine Weile bei diesem Futter aufhalten. Später hole ich mein Körbchen wieder, und das Aussetzen ist geschehen.

In den allerseltensten Fällen verstreichen die Hühner über mehr als 400 m und das nur, wenn ich meinen Platz ungünstig gewählt habe. Ist der Platz wirklich günstig, wozu natürlich ein wenig Auge gehört, kann ich sicher sein, daß in einem Umkreis von 300 m das Paar zur Brut schreitet. Im Jahre 1955 experimentierte ich mit Rebhühnern aus fünf verschiedenen Völkern, um festzustellen, ob sich Geschwister untereinander paaren. Ich wollte endlich einmal Genaueres darüber wissen, denn wenn man eine Vielzahl in großen Volieren überwintert, kann man im Frühjahr die Familienzusammengehörigkeit nicht mehr mit Bestimmtheit feststellen, es sei denn, man kann sie besonders markieren oder getrennt halten.

Die Ansicht, daß sich Geschwister nicht paaren, fand ich nochmals bestätigt. Eher mehr; es wurde lange nicht jeder x-beliebige fremde Hahn anerkannt. Die Gattenwahl geschah so eigenwillig, daß sich Hennen durch den Draht mit in Freiheit befindlichen Hähnen verlobten, obgleich mehrere fremde Hähne in der Voliere angeboten wurden! Erst spät im Frühjahr scheint das wählerische Aussuchen der Gatten nachzulassen.

Wer diese Art des Aussetzens wählt, wird daher gut tun, sich wenigstens zwei ausgemähte Gelege kommen zu lassen, diese zusammen großziehen und sie im Winter zusammen in einer Voliere halten. Dann werden sich im Frühjahr die richtigen Paare hoffentlich finden, da es ja zwei blutsfremde Familien sind. Da verpaarte Hühner nur sehr selten zu bekommen sind, kann ich ebensogut Wildfänge aussetzen. *Es müssen jedoch mindestens 25 Stück sein, und sie dürfen nicht aus gleichen Völkern stammen.* Auch so ausgesetzte Hühner sind standorttreu, wenn ihnen das Gelände zusagt.

Die Regulierung des Besatzes durch die Jagd

In vielen Revieren werden die Hühner zu stark bejagt und auf unwaidmännische Entfernung beschossen. *Hier verschwinden sie dann auf „unerklärliche Art und Weise“.* Wer die Hühnerjagd zur Gesellschaftsjagd macht, der soll sich die Hühner treiben lassen. Wer von der Hühnerjagd etwas haben will, der gehe allein mit seinem guten Hund. Immer bedenke er hierbei die Winterverluste, die je nach der Anzahl von Raubwild und Raubzeug bis zu 50% und mehr betragen, und lasse im Herbst einen genügend großen Besatz übrig. Wer wissen will, wie viele Hühner er schießen darf, dem kann ich, ob er’s glaubt oder nicht, die genaue Zahl sagen. Für jedes Wiesel, das er fängt, für jede Katze, die er schießt, für jeden Habicht, den er erlegt, und für jeden Kaffhaufen, der im Winter im Revier steht, darf er zwei Hühner schießen. *Das gilt aber nur für Reviere mit gutem Hühnerbesatz.* Wer keine oder nur wenig Hühner im Revier hat, der setze für jedes Wiesel, jede Katze und jeden Habicht, die er erbeutet, ein Huhn aus. Das tue er drei Jahre lang. Dann halte er sich an die erste Regel.

Oft habe ich von der Regelung des Besatzes durch *Hahnenabschuß* gelesen. Mir selbst ist nie aufgefallen, daß der Hahn die brütende Henne stört, und nur dann würde ein Hahnenabschuß zu Recht bestehen. Solange sich die Hähne nur untereinander streiten, besorgen das Enthahnen bestimmt und prompt die durch den Streit herbeigezogenen Greifvögel oder das Haarraubwild. Sind die Küken geschlüpft, ist bei dem ausgesprochenen Familiensinn des Rebhuhns nicht anzunehmen, daß ein fremder Hahn stören könnte. Tatsächlich vorhandene überzählige Hähne werden an den Rand des überbesetzten Gebietes abgedrängt. Vielleicht erklären sich so die immer wieder beobachteten plötzlich auftretenden und ebenso schnell wieder verschwindenden „Rebhuhnschwärme“. Daß unter den Küken mehr Hähne als Hennen sind, habe auch ich beobachtet. Dies wird unter normalen Umständen dadurch ausgeglichen, daß sich mehr als die Hälfte der ritterlichen Hähne während der Aufzuchtzeit für ihr Volk opfert. Viele ausgewachsene Herbstvölker werden nur noch von Hennen geführt. Vor allem lasse der Jäger genügend an Wildpret und Zahl starke Völker *unbeschossen* in den Winter gehen! An Zahl und Wildpret schwache Völker schieße er ganz ab. Ein intaktes Volk, eine intakte Familie

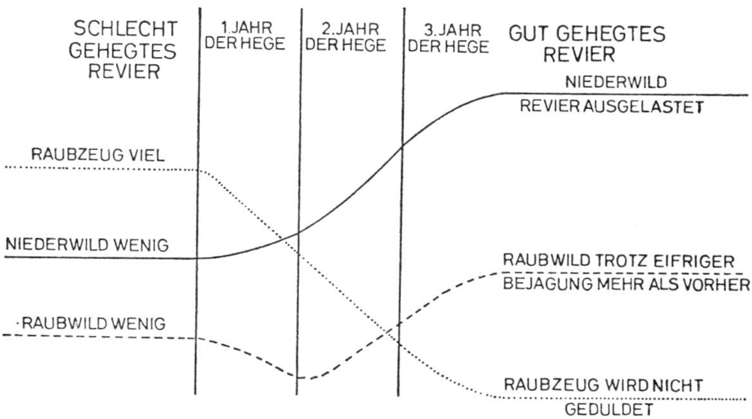

Abb. 41. Niederwild-, Raubwild- und Raubzeugverteilung

übersteht den Winter mit weitaus weniger Verlusten als ein zusammengewürfelter Haufen, in dem niemand weiß, auf was und wie der andere reagiert. *Daher von fünf Völkern die beiden an Zahl und Wildpret schwächsten ganz abschießen und die drei stärksten Völker unbeschossen (dann leben die Eltern) in den Winter gehen lassen.*

Wer sich wirklich Mühe gibt, Raubwild und Raubzeug kurzzuhalten, und wer die einfachsten Fütterungsmaßnahmen durchführt, wird erleben, wie sich sein Niederwildbesatz zusehends erholt. Er wird jedoch die Erfahrung machen, daß trotz aller Mühe seine Strecken an Raubwild und Raubzeug nicht sinken. Da in manchen Acker- also Rebhuhnrevieren die Feldmaus durch das herbstliche Umbrechen fast allen Bodens schon weitgehend verschwunden ist, ist das Niederwild die Lebensgrundlage der meisten Raubwildarten.

Erholt sich das Niederwild, so steigen parallel die Vermehrungsziffern des Raubwildes (s. Abb. 41).

Leider liegen die wirklich gehegten Reviere wie Inseln im Meere der Gleichgültigkeit – schlimmer noch; stehen heute unglaublich gedankenlose Gesetze der Hege einer unserer liebsten Niederwildarten entgegen.